湛庐CHEERS

与最聪明的人共同进化

HERE COMES EVERYBODY

CHEERS
湛庐

爱的不等式

[美] 内特·克莱普　凯莉·克莱普　著
Nate Klemp　Kaley Klemp

赵学坤　译

THE 80/80 MARRIAGE

浙江科学技术出版社·杭州

测一测

你是否陷入了婚姻中的公平之战？

扫码加入书架
领取阅读激励

扫码获取全部
测试题及答案，
一起了解如何通过 80 分的
努力，创造 160 分的婚姻

- 一对夫妻约定谁做饭谁就不用洗碗，但洗碗的人常抱怨：“你做饭弄得太乱！”这种“规则下的怨气”说明了什么？（单选题）

  A. 规则不够细致

  B. 做饭技术有待提高

  C. “一起干家务”的目标设定模糊

  D. 分工清楚，但情绪上仍未被照顾

- 一次聚会结束，妻子提议：“你收拾客厅，我去哄孩子。”丈夫答：“不是你说要请客的吗？”丈夫这句话的潜台词是什么？（单选题）

  A. 我不认可家务分工

  B. 我很累了，不想干活

  C. 我没义务为你做的事负责

  D. 我很讨厌聚会

- 丈夫说：“你总说我不管孩子，但我也得工作啊！”妻子沉默。在这种互动中，哪个潜在的认知最容易让感情受伤？（单选题）

  A. 工作比带娃更重要

  B. 一方总要牺牲

  C. 对方不理解我的处境

  D. 钱解决不了所有问题

扫描左侧二维码查看本书更多测试题

献给玛吉、乔、朱迪和吉姆

——最好的爱情范本

从内耗到自由，爱情如何在婚姻中成长

下面这段经历说明，爱情的风浪可能始于一双“臭球鞋”。

24 岁时，我们[①]决定搬到一起住，于是内特那双扎根于居室玄关的臭球鞋便开始介入我们的生活了。内特的脱鞋方法堪称“剑走偏锋”：进家后，他猛地一踢脚，脚上的球鞋就肆意分飞，随机落地。球鞋落下时砸到哪儿算哪儿，至于能够堆成什么造型就看缘分了。

这双臭球鞋在嚣张了一个星期后，突然消失了。内特一通翻找，将衣帽间、居室玄关、屋外的垃圾桶、车库等地掘地三尺，但一无所获。

“你知道我的球鞋在哪儿吗？”内特问凯莉。

---

① 指作者夫妻俩，妻子凯莉和丈夫内特。本书由两位作者共同执笔完成，并不以某一方为第一视角，所以文中分别提起妻子或丈夫时，都使用第三人称。——译者注

“我早就跟你讲过，球鞋不能这么胡乱一甩一堆就不管了。你知道我每次一进家就险些被绊倒有多糟心吗？我又不是你的保姆，凭什么就该我来替你收拾球鞋？现在好了，你自己找去吧，咱们各凭本事喽！”凯莉回道。

尽管内特心中涌上一股愤愤不平的情绪，但他也只得皱着眉头继续找球鞋。内特又花了 20 多分钟的时间，对房子进行了一轮地毯式的搜索，总算找到了球鞋，它们被放在厨房最上层的橱柜中，要知道厨房橱柜最上层比冰箱顶还高一些，常放不经常用的物品。

内特一时血气上涌，气到脑仁发疼。他冲进凯莉的书房，火冒三丈地吼道：“你至于吗？非把我的球鞋藏在那个鬼地方，害我找了许久！”

凯莉一转办公椅，回过身来淡淡地道：“我不妨再说一次，我受够了你把球鞋乱踢乱放，我没有义务伺候这双臭球鞋。”

同住生活仅仅持续一个星期，本应举案齐眉的两个人就已生出嫌隙。爱情的世界开始变成两个人要比、要争、要斗的江湖：比谁付出更多，争谁吃亏更大，斗谁更有情有义而谁又凉薄麻木……我们孜孜不倦，就是要给自己讨一份公平。

为公平而战

几经较量后，内特终于掌握了脱鞋和摆鞋的正确方法。但我们不可能就这么一辈子流水桃花、岁月静好下去，升级后的试炼又浓墨重彩地登场了。

26 岁时，我们结婚了。每逢圣诞节假期，我们都会回到共同的家乡科罗拉多州，与双方的亲人们团聚。这时候，公平依然很重要，在陪伴各自亲人的时间分配上，绝不能厚此薄彼。我们制定了一个看上去滴水不漏的回家策略：先回内特家过平安夜和圣诞节，再去凯莉家陪伴她的父母度过剩下的假期时光。在内特家，我们能在两个“正日子”里阖家团圆；在凯莉家，我们能多待上两天。总体上算是公平，皆大欢喜，没人能挑出毛病。

唯一有待商榷的是：圣诞节晚上几点离开内特家去凯莉家。一般人应该不会在意这种小问题，毕竟晚上 6 点走和晚上 7 点走能有多大区别呢？但有一年的圣诞节，我们俩一起床就开始纠结这个细节，且越聊越生气，火药味直冲云霄。

凯莉的希望是：“咱们最迟晚上 6 点一定要出发，这样能赶在我家人睡前抵达。”

内特表示反对：“亲爱的，今晚的圣诞大餐到晚上 7 点也不一定能结束，还是等吃完饭再走吧。若咱们抬脚就走，把我的家人晾那儿，不合适啊！”

原本公平得没人挑得出毛病来的回家探亲方案，在此时却让每个人都感到委屈了。

凯莉一脸不甘：“平安夜和圣诞节两个重要的日子，我们都在你的父母家过了。我唯一的希望就是早走一小会儿，在圣诞节结束前跟我的父母打个招呼而已……”

内特也觉得冤：“话是这么说，但咱们不是多安排了两天陪你的父母，专门补偿没有与他们一起过平安夜和圣诞节的遗憾吗？”一场辩论没能决出输赢，双方的情绪升级，氛围紧张。

此后的每个圣诞节，“何时出发去凯莉家”都是一个“魔鬼时刻”，我们总被它布下的恐惧支配。双方每次都会进行同样的申诉与抗辩，每次都要陷入同一种不可收拾的局面——每个人都觉得对方说的话有失公平。

婚后的第六年，这种局势更加错综复杂，因为我们的宝贝女儿来到了这个世界。在女儿出生之前，我们还只是为清洁采买等基础性家务劳作而争论。偶有摩擦，也能抓大放小，最终得以解决。但自从女儿出生之后，两个人的心力与时间都变得捉襟见肘，于是开始了新一轮的争斗。这一次，双方互不相让：从财务责任到工作状态，从职业发展的优先级到闲暇时光的分配……

生活中各种令人抓耳挠腮的问题接踵而至。对于夫妻而言，这些都是看上去极其基本的问题，却如同一座座山峰，让婚姻中的人常常难以攀登。它们的出现明明合情合理，翻越它们本就是人生必修课，我们却是“车到山前，找不到路”。太多的生活琐事躲不掉：谁来还信用卡？谁来订全家旅行的机票？谁给孩子预约牙医？孩子生病时由谁去看护？每天谁去接幼儿园放学的孩子？

猜猜看，上述哪个问题最致命，差点终结了我们的婚姻？答案是最后一个。

犹记得那是一个 9 月的夜晚，我们俩正在一家地中海风格的庭院式餐厅吃晚饭。空气温润，花香环绕，夜色醉人。此时，凯莉提起了孩子上幼儿园接送的问题：“内特，接下来的秋季学期里，你能去接女儿放学吗？她每天下午 3 点 30 分放学，你有没有可能每周接她几次呢？”

不过这些话被内特的耳朵进行了再加工，所以他的脑子接收到的是一个盛气凌人、颐指气使的妻子让他接女儿放学的版本。仿佛凯莉说的是：“你不就是个码字的写手吗？这也算不得什么正经工作。工作日不如早早收工，抽点时间去接一下孩子吧。”

内特的怒气从天而降，一场情绪飓风以摧枯拉朽之势呼啸而来。他声色俱厉地批判凯莉刚才言语中的羞辱与怠慢。凯莉也不甘示弱，迎面回击，甩出一连串的理由，埋怨内特的没心没肺。两个人互掷了数轮辩论攻击，或批评凯莉出差太多，或控诉内特冷漠迟钝。

我们变成了两个深陷泥潭的小动物，委屈又绝望。谁都逃不出去，无法互救也无法自救。双方都在怒吼着强调这一切对自己来说是多么不公平、多么过分。终于，内特的情绪到达了崩溃的临界点，心中“这不公平”和“我不干了”的声音呼之欲出。他脱口而出：“我不管了，随你怎样都无所谓，但我不会改变自己的生活方式！”这句话击溃了凯莉。她胸中仿佛堵了一块巨石，只能冲进卫生间一顿号啕大哭。

第二天，我们的心情还是糟糕得一塌糊涂，互把对方当空气。又过了一个星期，彼此间的怨愤和不满依然存在，两颗心仿佛已千疮百孔，无法修复。又过了大半年的时间，双方还是走不出这场争吵带来的阴影。虽说时间终将治愈一切，但治愈的效率却是“病去如抽丝”，非常漫长。现在再回过头来看，这场情绪血战的战斗点到底在哪里呢？我们的一番争吵，到头来就是为了搞清楚谁该去接孩子吗？

很多事情都得在时过境迁之后，才能让人苦笑着感叹一句当初真是“只缘身在此山中”。我们也是过了许久才恍然大悟，原来那次“9 月之战”根本不是在讨论安排谁接孩子放学，一切矛盾都根植于一个更深层的问题：对你我而言，什么才是公平的？

是的，我们当时是为了公平而战。然而就是这一战，差点毁灭了我们的婚姻。我们的婚姻当时差点走到了山穷水尽处。然而就是这一战，让我们的婚姻又触底反弹、绝处逢生，迎来了情感的柳暗花明。

婚姻中的“公平”真能换来幸福吗

虽然你们的婚姻状况和我们的大不一样，具体情节或许各有精彩，但是，你们会不会也落入过类似的陷阱里？是否也曾为讨个公平而燃尽心力？是否也苦苦争论过到底谁付出得更多，谁又是在搭另一方的便车？是否也曾纠结于谁应提供更多的情绪价值，要更会关心和照顾人？有些事鸡毛蒜皮，却能唤醒你们的斗志，让两个人的血压瞬间飙升，吵得一地鸡毛。这些鸡毛蒜皮的小事是否也是：谁该去幼儿园接孩子放学？周六晚上，应该跟谁的朋友出去玩？某个东西是不是太奢侈了，到底该不该买？家中没有鸡蛋了，该由谁及时买回来？

那次“9 月之战”给我们带来了一个疑问：世间夫妻千万对，是否只有我们俩会为了婚姻中的公平而委屈绝望、怒吼对骂？其他夫妻怎样看待婚姻中的公平呢？他们会为此争吵吗？

我们曾在网络中搜索答案，但最终发现，要想获得真实的回答，了解实际情况，还得当面沟通才行。因为社交媒体里的情侣无一例外地都表现出卿卿我我、如胶似漆的状态，他们都在炫耀甜蜜的生活，仿佛永远沉浸在美好的假期里，给别人看的从来都是浪漫的泳池约会、杯中摇曳的鸡尾酒。他们的生活幸福得像是被逐帧修过的图，他们的相遇就是为了向全世界展示一场不朽的爱恋。我们欣赏过其他夫妻的周年纪念，听着他们口中“山无棱，天地合，乃敢与君绝”的壮丽誓言，看着这些甜得发腻的帖子引来几百条“好幸福！”的赞美与“太羡慕了！”的感叹。我们几次三番浏览后，不禁挠头：“现在看来，我们真是爱情世界里的‘低能儿’，只有我们搞不定这些傻瓜问题，而别的夫妻都在背包旅行，在情到深处春宵帐暖。别人的爱情都体现着现实世界里王子和公主的完美结合。”

因为没有从网络中得到满意的答案，所以我们便采取了线下的沟通方式。我们从生活中接触的人群入手，找到了 100 多位受访者，亲耳聆听他们关于婚姻的酸甜苦辣。[①] 他们中有幸福的夫妻，婚姻生活看上去已经完美；有在情感世界里陷入困境的夫妻，他们想抢救自己的婚姻，却找不到治疗方案；也有刚离婚的前夫前妻们；还有在一起生活但不领证结婚的情侣……他们的社会身份林林总总：艺术家、学者、教师、科学家、全职爸爸或妈妈、企业高管。我们的采访对象还有一对在房车上住了 7 年，感情还澎湃如同初恋的“游牧”式夫妻。

最后，我们终于发现了一个至高无上的真相，它凌驾于任何职业背景、财富水平、政治立场之上，对全部受访者都适用。这也让我们终于看穿了网络上那些令人目眩神迷的帖子、朋友圈的本质。这个真相是，处于婚姻中的所有人都在挣扎，都在努力找解药，即便饮鸩止渴也在所不惜。他们想保住自己爱情世界里的“既要、又要、还要”：既要为自己讨个公平，又要抵御外界的诱惑与干扰，同时还要让自己和伴侣感到爱与被爱。

我们还发现，让大家在婚姻中挣扎的事情高度相似。若通过表格列举婚姻生活中的痛点，每对夫妻所列表的内容都大同小异。例如，每个人都哀嚎要做的事太多，而能用的时间太少。一位女性受访者说：“我活到现在，真的就剩一个愿望了——给我一个小时的自由时间，一个小时就好！”还有人说：“我曾是个多么井井有条的人，能把所有事情处理得妥妥帖帖。现在的我快被‘压死’了，事情多到永远完不成。不论丈夫、孩子，还是下属，相信在他们眼中，我的全身上下都有问题。”

---

① 我们想为感兴趣的读者简单介绍一下本书采用的研究方法。我们进行了 100 多次采访。受访者包括已婚人士、离婚人士、稳定恋爱中的人、婚姻研究领域的专家。对于情侣或夫妻，我们一般会请两个人分别参加 30 分钟的访谈，其中也有人希望两个人共同受访，一起和我们聊 30 分钟。我们的访谈通过电话进行，流程如下：开始的 5 分钟，我们向受访者介绍这个项目，在剩余时间里，我们依据一个半结构化的问题列表来提问。第一批受访者是我们的朋友和熟悉的人。我们在访谈后会问他们是否有兴趣为这个项目介绍更多的受访者。非常感谢他们，在他们的帮助下，受访者的范围不断扩大，最后远超我们的私人生活或工作社交圈。为了保证样本的多样性，在挑选受访者时，我们特意把各种组合和身份的人都囊括进来，如跨种族伴侣、少数民族伴侣、跨社会阶层的伴侣，以及双方的宗教信仰或政见相左的伴侣。

结婚后要解决的问题不仅多，还都非常难。做不完是一方面，做不好才是要命的，往往成为压垮婚姻的稻草。每天一睁眼，各种事情就劈头盖脸地呼啸而来，育儿、照顾老人、工作……大家常感疲乏困惑，其他感知仿佛已被剥夺。一位男性受访者说："周末我要被这些事情折磨，身心从来没觉得得到了休整。每个星期一的早上，我总会觉得比星期五下班的时候还要累。"一位女性受访者抱怨说："每件事都是不可能完成的任务，我真的没辙。我玩的是什么人生游戏啊？为什么所有的大魔王要同时登场让我打？"

排山倒海的压力带来的是关系的摇摇欲坠，爱情状态也被殃及池鱼。一位男性受访者说："我们夫妻俩每天忙得脚不沾地，像两个不停旋转的陀螺。我们转得这么辛苦，却转不到一块儿去，完全没有相处的时间。"还有女性受访者跟我们坦白："我有时都没时间和精力听我老公说话。我忙得不可开交，在累到全身散架时，哪有精神再听他说了什么。"

这就是当下最主流的婚姻状态。每对因爱情而结合的夫妻都想紧紧拥抱那些缠绵悱恻的时刻，却被生活的洪流裹挟着一路向前，恨不得时刻用三头六臂去应付八方来的事情。现实还要给我们的痛苦升级，生怕大家伤得还不够深。几乎每天一醒来，你就能看到朋友圈里又有谁做了件"我命由我不由天"的大事，如刷新了马拉松纪录，同时还为癌症研究基金成功筹款 1.2 万美元。

人生实苦。这还没完，我们所接受的文化对一切多因素、多任务的问题都用一个处理方式——追求绝对的公平，这让我们错误地认为绝对的公平能解决所有问题，带来极致的完美。所以这种文化对婚姻的影响可想而知，相当于"赶尽杀绝"，没有例外。

这是真正的问题所在。公平是一个多么光明、伟大、天经地义的概念，以至于大家觉得"宁死不屈，追求公平"的自己简直太值得被尊重了。夫妻间相处，往往开始因为一系列有关公平的问题打得难舍难分，如去商场买东西花的半小时到底算不算个人休闲时间？凭什么今天晚上我要在家带孩子，而对方可以出去胡吃海喝，然后回来在客厅地毯上乱吐？为什么我在辛苦挣钱，给家里的存款添砖加瓦，而对方可以轻描淡写地花钱买个扫地机器人打扫厨房卫生？

人的心情总是越忙越烦、越烦越乱的。处于崩溃情绪中的人简直能变成一个陌生人，跟伴侣吵起架来口无遮拦，极力地宣泄着心中的不满。这一刻，我们忘了怎么与对方沟通、共情、联结，以及相亲相爱。

当代人的爱情之路或多或少、或早或晚都会遇到这些问题。婚姻经营仿佛是在游戏中闯关，我们一路在辛苦地打怪过关：我们要平等，要个人发展，还要琴瑟和鸣。

我们刚迈入不惑之年，走入婚姻已有 15 年，再加上结婚之前的交往，两个人相处长达 24 年之久。我们相识在高三时的一堂化学课上。从那时起我们就知道，每个人都是要对自己的人生负责的，心里无比笃定要“最大化自己的潜力并实现伟大的抱负”。这种波澜壮阔的情绪激励和引导着凯莉后来成了业内炙手可热的企业高管培训师，也让内特走上了教授的位置，而后还出了书，创立了自己的企业。对了！有一点或许得提一下：凯莉的收入一直比内特高得多，常常是内特收入的 5 倍。

我们这代人比父辈要忙得太多，无暇像他们那样顾及个人爱好，如在工作日看场职业壁球联赛，我们只能在硝烟四起的生活中希望秒针走得慢一点，一点就好。父辈对爱情的期待要简单得多，有一个靠谱且稳定的伴侣即可，在情感世界里很容易知足常乐。我们这代人就不甘平庸了，理想的伴侣要 360°没有死角——既是最知心的朋友，又是一往情深、至死方休的神仙爱侣，还是情商在线的虎妈狼爸、叱咤风云的职场精英、事无巨细还任劳任怨的家务能手，且能不知疲惫地向伴侣提供支持、理解、包容等情绪价值。

与大多数的夫妻一样，我们也坚决不做选择题。我们追求个人事业的成功，也想挖掘出家庭生活的每一分价值，缔造“1+1>2”的奇迹。我们想给孩子高质量的陪伴，想有大把不受打扰的时间去专注而投入地育儿。我们渴求与对方心有灵犀，感情如胶似漆。我们还想能有休息的机会，让忙碌的身心有所放松。但现实的婚姻生活终于让我们懂得“既要、又要、还要”的生活是爱情世界里的永动机，不论大家怎么努力，最后都没有人能实现。

我们该怎么办？我们真的不能把婚姻和爱情这场高难度的游戏打通关吗？我们得不到那些炽热的爱、分毫不差的公平、水乳交融级的联结感吗？我们注定就要至死方休地为一个个“凭什么”而纠结，为一次次“受够了”而吵闹吗？

万幸我们找到了答案：80/80 模式。我们用自己 15 年的婚姻生活做实验，探索如何经营一段和谐美好的婚姻关系，并亲身测试各种思路、方法的效果。这个答案也来自大量的实地访谈，受访者背景各异，极具概括性和说服力。另外，我们用了几十年的时间从企业高管、高绩效人士身上进一步深挖新生代伴侣的情感纠葛与相处模式。我们还长期与世界上杰出的婚姻专家交流，广泛吸收严肃而系统的学术研究成果。获得这个答案不容易，但我们终于找到了它。

婚姻的 3 种模式

婚姻的形态经历过怎样的变化？未来还将走向哪里？本书将介绍从旧到新的 3 种婚姻模式[①]，带你了解不同阶段的夫妻是如何相处的。

---

① 婚姻模式的 3 个发展阶段并非本书两位作者的原创。三段式的划分方法最早由情感关系专家戴维·德利拉（David Delila）提出，我们对他的这项开创性研究深表感激。但关于婚姻的发展方向，我们和德利拉的观点存在着很大的分歧。德利拉看来，在第三阶段的婚姻里，男女是对立的——男性和女性要回归各自的本性，分别发挥出最大的雄性气概和女性柔情来。但我们认为婚姻发展到第三阶段，应该实现一种理想的、调和的状态，即 80/80 模式，双方能最大限度地升级思维方式，给予彼此极致的慷慨，形成全新的决策体系，为共赢目标服务，并养成一系列新习惯去落实、固化这些进步。如果读者想阅读德利拉在婚姻发展阶段方面的开创性著作，可参考：David Deila, *The Way of the Superior Man*（Boulder, CO: Sounds True, 2017）。

在第 1 章中，我们要去看看很久以前的婚姻关系，即 80/20 模式。有一部 1998 年上映的喜剧片叫作《欢乐谷》，展示了美国 20 世纪 50 年代的婚姻生活。那时的婚姻多为男主外女主内，处处透露着男尊女卑的陈旧气息。男人的天职就是打拼事业，在外追求功成名就，对内能把钱带回家即可。女性的宿命是当家庭主妇，照顾孩子、交际应酬就是生活的全部，且必须保证丈夫下班后能回到一个窗明几净、饭菜喷香的家。婚姻关系严重失衡，女性至少要苦苦承担 80% 的责任，忍受巨大的压力，付出难以想象的时间和精力；而男性只需扛剩下的一小部分责任即可。这种模式的劣势已无须赘言。我们仔细审视了它的各个细节，看到了它在维持婚姻稳定上的些许优势，哪怕优势十分轻微。

在第 2 章中，我们要看看当下流行的婚姻模式，即 50/50 模式。随着平权文化的发展，男女间的地位差别在持续缩小。在家庭生活中，父亲和母亲的角色限制逐渐被打破，任何人都可以当叱咤风云的职场领袖，或推动人类进步的科学家，甚至是摇滚明星。然后，婚姻变成了“角斗场”，夫妻之间要争公平，即双方对家庭的责任和义务一定要均等。50/50 模式里“两性平等”的思想是一种进步，撕碎了旧时代对女性堂而皇之的歧视与压榨。道的层面，它是理想又光明的；术的层面，如何平等地操作是一个难题。50/50 模式婚姻中的夫妻心里有块计分板，时刻要算清楚谁为家庭付出得多，谁付出得少，动辄便为了公平背水一战。

从第 3 章起，本书将介绍一个更为理想且可以落地的婚姻模式：80/80 模式。这要求夫妻在思想上要做出一个重大转变，重新思考每个人应该对婚姻生活做多少贡献。接纳并践行 80/80 模式，可以兼顾人们对公平的追求和对爱的渴盼。在 80/80 模式下，每个人都要承担 80% 的责任，解决 80% 的问题，忍受 80% 的压力。乍一看，这比研发永动机还荒谬。毕竟生活中不可能有 160% 的责任、问题、压力让大家去分担。但这种荒谬正是解决问题的关键。人们在婚姻中也追求滴水不漏的绝对公平，这便是另一种荒谬。“魔法才能打败魔法”，因此全书用了大量的篇幅解释为什么我们需要以毒攻毒。

80/80 模式还意味着价值观上的两个转变：一是放弃追求绝对的公平，而甘愿去做“极致的慷慨”的一方，这将极大地改变我们的行事原则、判断标准与沟通方法；二是在身份定位上彻底摆脱 80/20 模式下僵化的各就各位，与 50/50 模式下的针尖对麦芒也大有不同，这是一种全新的共生共享关系，成就双方共同的成功。这将帮助我们更好地平衡夫妻生活中的地位界限、轻重缓急，甚至春宵体验。

80/80 模式是我们为当代夫妻找到的全新爱情法则，它很新奇又激进，但它改变了我们的人生。世间万事，总是做了比不做更有可能成功。我们的婚姻生活虽从一地鸡毛进步到了“半地鸡毛”，各种问题依然如打地鼠般源源不绝，还是会有谁都不服谁的心态，以及就某件琐事会有热血沸腾的争论不休，但这个全新爱情法则有很多极其有效的工具，能让我们时刻保持联结感，体会爱与被爱。哪怕我们间或咬牙切齿、剑拔弩张，周围时而荆棘丛生、危机四伏。

我们相信这也值得你一试。

你该读这本书吗

本书围绕上述 3 种婚姻模式展开讨论。不论你是否结婚，你都能从本书中受益。你可能订了婚，或在一段稳定的恋爱关系中，甚至刚刚坠入情网，正准备开始一场惊天动地或细水长流的爱情。不论婚否，每对伴侣都会与婚姻中的各种艰难困苦狭路相逢，只是关卡的形式因人而异。80/80 模式适用于爱情世界里的每个人。

书中的内容与社会分配给两性的任务与角色高度相关，只要伴侣间的地位平等，这个模式就成立。

不论你们的情感关系是坚如磐石，还是气若游丝，本书都能助你和伴侣一臂之力。如果你和伴侣相处得如胶似漆，它能让你们之间的关系更进一步，变得更加稳定从容、井然有序；如果你们的婚姻已被现实打得“鼻青脸肿”，它也能提供一条助你“浴火重生”的思路，不妨一试。

你们或许都有自己的事业，又或许在分工上内外有别。当代婚姻对双方在角色分配上非常宽容：一方挣钱一方操持家务没问题；双方平等分担财务压力和家务工作也非常可行；甚至还可以实行“三七开模式”①，一方偏重挣钱，有一份全职工作，另一方则相对要承担更多的家务，但也有份兼职的工作。不论哪种形式，大家都在努力地平衡着彼此间的权利与义务，并努力相恋相守。

阅读本书唯一的门槛：你是否真的有意愿去改善和强化你与伴侣的亲密关系？有可能你的决心和觉悟到位了，伴侣却依然不为所动或态度不积极。这该如何是好呢？这个困局其实很常见。在思想和关系上做出重大改变，需要两个人的努力，而非一个人苦苦支撑而另一个人坐享其成。本书在第 14 章“当你有个不作为的伴侣时，怎么办”中将讨论这个问题，帮助你判断 80/80 模式是否真的有用，并让你在没有伴侣支持的情况下，仍然发挥出这个法则的最大价值。我们还提供很多具体的操作方法，让你能引导伴侣坐下来，一起好好聊聊为什么大家要改变相处模式，要用 80/80 模式进一步充实和升华这场爱恋。

你该怎么读这本书

本书分为四篇。第一篇深入讨论 3 种婚姻模式的利弊。第二篇阐述要实

① “三七开模式”是婚姻研究专家珍妮弗·佩特利格列里（Jennifer Petriglieri）提出的一个概念。她认为大多数婚姻都会采用下列三种模式中的一种：一是三七开模式，即夫妻中有一人的事业优先于另一方；二是强强联合，即两个人各自打拼自己的事业，双方的事业同等重要，不存在支持与被支持的角色；三是轮值模式，即角色不固定，夫妻轮流去发展事业。引自：Jennifer Petriglieri, *Couples That Work*（Cambridge, MA: Harvard Business School Press, 2019）, 70–73。

现 80/80 模式，双方必须做的一项决定性的思维转变：从绝对的公平转向极致的慷慨。第三篇详细介绍 80/80 模式的核心架构，即追求双方共同的成功，在此基础之上协调和平衡其他一切。第四篇提供一系列具体的操作方法，指引你在现实生活中使用并用好 80/80 模式。

你无须按篇章顺序阅读本书，可以暂时甚至彻底跳过一些内容。我们建议，最好能从第 4 章“极致的慷慨：80/80 模式的底层思维”开始阅读。因为这是 80/80 模式的思想起点，是建构新关系、养成新习惯的思维地基。

部分章节在末尾处附带一些“作业”，它们将引导你回顾和思考所读内容，尝试新的视角和思路，探索新的关系与可能，并反思之前对婚姻的种种假设与判断是否有偏颇之处。你当然可以独自做这些“作业”，但伴侣如果能参与进来，一起完成，效果还会更好。完成“作业”的节奏由你自行决定，有些读者喜欢边读边思考，所以读完相关章节后立刻就要做“作业”，这样做是可行的；有些读者需要先有大局观，读完全书，然后抓大放小，有的放矢地选择自己最想做的“作业”。所有的练习方法都可行，选择你觉得舒服又有用的方法即可。

最后要说的是，你会发现本书的理论既建立在我们的自身经历上，又得益于作者进行的大量的实地访谈。我们隐去有些案例中受访者的姓，仅保留其名；如果受访者已是公众人物，则会用全名；一些受访者会使用化名，且隐去个人信息，以尊重他们的隐私。

THE
80/80
MARRIAGE

目 录

前　言　从内耗到自由，爱情如何在婚姻中成长

第一篇　婚姻的 3 种模式　001

第 1 章　80/20 的老传统，你赢我输　003
爱与责任在婚姻里是怎么失衡的

第 2 章　50/50 的新潮流，平等乏味　014
公平分担，为什么幸福感还是没了

第 3 章　80/80 的未来趋势，共赢幸福　029
公平是不够的，只有慷慨才行

第二篇 升级思维，创建情感新模式 041

第 4 章 极致的慷慨：80/80 模式的底层思维 043
从“我付出了什么”到“我还能给予什么”

第 5 章 贡献：该怎么做 054
别总想着“凭什么”，让抱怨毁了婚姻

第 6 章 赞美：该怎么看 064
多夸夸对方，给一地鸡毛的生活加一些调味

第 7 章 坦诚：该怎么说 076
有话直说，别藏着掖着，小心婚姻中的“温水效应”

第三篇 80/80 模式下持久幸福的 6 个法则 089

第 8 章 一起决策，才能共赢 091
做任何决定，都应该把“我们”放在“我”之前

第 9 章 **分工明确，怨气不缠身** 102

模糊的分工是怨气的培养炉、焦虑的催化剂

第 10 章 **聚焦当下，不纠结** 118

事业家庭难平衡，放弃不重要的，才能做好重要的

第 11 章 **学会说“不”，爱自己** 128

勇敢拒绝，给婚姻减负，也给自己减压

第 12 章 **家中“掌门”轮流上岗** 141

让权力流动，纷争自会偃旗息鼓

第 13 章 **性爱升级，爱意浓** 159

没有心心相印的日子，何来甜蜜上头的瞬间

第 四 篇 如何应对 80/80 模式的 2 大阻力 179

第 14 章 **当你有个不作为的伴侣时，怎么办** 181

谁痛苦，谁改变

第 15 章　**当 80/80 模式执行不下去的时候，怎么办**　199

用习惯重新定义你的婚姻

结　语　**80/80 模式如何改变我们的生活**　215

致　谢　219

附　录　223

THE
80/80
MARRIAGE

第一篇

婚姻的 3 种模式

THE 80/80 MARRIAGE

第 1 章

80/20 的老传统，你赢我输
爱与责任在婚姻里是怎么失衡的

20 世纪中期，研究自我发展与婚姻经营的专家爱德华·波多斯基（Edward Podolsky）被世人所熟知。我们很多人都知道曾风靡全美的两性专家露丝医生，以及心理学家、电视红人菲尔医生，但波多斯基的成名比这两位还要早得多。在当时，人们甚至还不敢公开谈论性或婚姻，波多斯基却已出版了这个领域的多部专著，堪称先驱。

波多斯基最负盛誉的作品之一是其在 1945 年出版的《当代夫妻的性爱关系》（*Sex Today in Wedded Life*）。这本书并不是撩人心弦的性爱指南；相反，它严肃得像本解剖学教科书。波多斯基在此书中给出了很多只有医生才知道的建议，如客观分析自慰的危害，分析最佳的性行为频率，宽慰那些因一进冷水池子睾丸就缩水而尴尬得无地自容的男性等。该书的精华部分是最后的两章，提出了 20 条告诫，男女各 10 条，分别用于指导丈夫和妻子的行为。仅寥寥数语，就完美展示出了 80/20 模式下婚姻的核心思想。我们先来看看波多斯基给丈夫的告诫，其字里行间散发着些许陈旧的气息，但也不是十分过时。

- 记住！妻子总希望被你捧在手心里宠，没有例外的时候。
- 不要在钱上抠抠搜搜的，你就该给妻子大方花钱。
- 赞美妻子的新裙子、新发型、做的饭菜等。
- 不论何时何地，尤其有外人在场时，见到妻子就送上亲吻。①

现在看来，上述这些婚姻告诫不是当下的主流，但总体而言也不会太令人反感。下面我们再看看波多斯基给妻子的告诫，就能明白为什么这些告诫的确该被扔进历史的垃圾堆里。

- 成为优秀的倾听者。丈夫可以向你倾吐他的烦恼，但反之可不亦然。你的烦恼跟丈夫的比起来，真的不值一提。
- 你最重要的任务就是激发并保护丈夫的自尊心与自我肯定感，他在工作中已饱受打击，你不能再让他腹背受敌了。总之，丈夫的“士气管理”是妻子的工作。
- 永远不能当着外人的面奚落你的丈夫。就算他真该挨你的批评，你也只能私底下说，且不能带任何情绪。
- 遇事多让丈夫拿主意，别处处支使他。让他感受到，这个家他说了算。②

乍一看，上述每条告诫的开头还算有几分道理。但它们后面紧接着的解释真是让人无语凝噎，只差把“我就是性别歧视”写在纸面上了。今时今日，这些酸腐傲慢的建议让婚姻研究的保守派看了都大呼过分。③“不能当着外人的面奚落你的丈夫”，这其实说得很对，“成为优秀的倾听者”也完全没有问题。

① Edward Podolsky, *Sex Today in Wedded Life*（New York: Simon Publications, 1945）, 237.
② Podolsky, *Sex Today in Wedded Life,* 237.
③ Jim Daly and Paul Batura, “Ten Commandments for Husbands and Wives, ” May 3, 2017, *Focus on the Family*（blog）.

后面紧跟着解释它们的话语暴露了 80/20 模式的“狐狸尾巴”。例如，“成为优秀的倾听者”后面的解释是“丈夫可以向妻子倾吐烦恼，但妻子自己的烦恼就不值一提”。这些语句让人一读就能彻底明白，80/20 模式下男女身份孰高孰低，双方地位孰轻孰重。

波多斯基眼中的完美婚姻就是男尊女卑，夫妻之间的关系如同主人和奴仆、CEO 和秘书、老板和佣人。一位好妻子必须是个田螺姑娘般的家务能手，能够无微不至地照顾丈夫的吃喝拉撒，承接丈夫的喜怒哀乐。丈夫饿了，妻子就得做一桌子菜。丈夫把外套随手往地上一扔，妻子就得乖乖捡起来并把外套挂回衣橱。但凡丈夫在职场上不如意，妻子就必须提供恰到好处且药到病除的情绪价值。妻子要做丈夫身后最得力的厨师、仆人、随叫随到的居家心理治疗师。

80/20 模式的利与弊

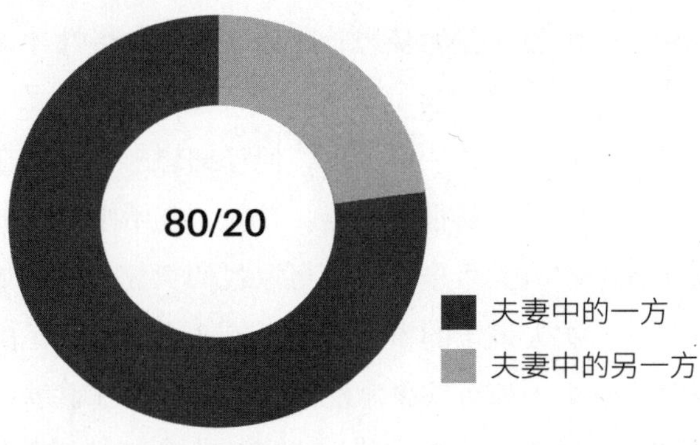

判断标准： 这是谁该干的活儿？

底层思维： 高下有别的身份以及控制力。

结构特征： 僵化刻板的男女分工。

80/20 模式的核心特征就是其失衡的权力结构，以及夫妻间不平等的地位。女性要扛起家庭中 80% 的压力和责任，男性只承担 20% 甚至更少。女性只能认可和服从男性的决定。每个人都知道并接受这样的角色划分。

你或许会问：这些比例是什么意思？夫妻各自在承担什么的 80% 或 20%？这是指双方为维护这段婚姻所要付出的努力、做出的贡献。它当然包括林林总总的家务活——照顾孩子、做家务等，也指很多无形的付出，毕竟一段婚姻要平稳地走下去，需要消耗人们大量的精力和情感输出。80% 和 20% 不仅是在说明谁承担了更多的家务，更是在衡量谁在解决问题冲突和纠纷中肩挑道义、力挽狂澜，甚至做出了巨大的牺牲，以及在家庭大事的判断上看到了更准确的方向、落实了更好的方案，让婚姻生活越过越和谐。

一切事物都有个简单的判断标准：这是谁该干的活儿？ 80/20 模式给人笼罩上一层奴役般的气息，令人窒息。妻子尤为卑微和被动，承担着经营婚姻和维持家庭运转的责任。她有义务把整个家打理得风生水起，让这场婚姻熠熠生辉，却把自己牢牢地拴死在 80% 的责任里，不得解脱。女性在家庭之外没有任何舞台，不配追求任何梦想，因为这些事是男性才该去想的。

这种婚姻的悲与苦一目了然，但仔细想来，它也在某些地方暗藏着些许剑走偏锋的好处，很容易被人忽略。首先，它给婚姻中的每个人定义了清晰的角色，每个任务都有无可争议、不可取代的责任人。例如，做饭——妻子该干的事，挣钱——丈夫该干的事，营造轻松愉悦的家庭氛围——妻子该干的事，烧烤时掌勺——丈夫该干的事。注意，本书不是在讴歌这个模式所代表的极端两性分化和女性歧视，而是在说明 80/20 模式也有一些无心插柳的地方，是在为下一步学习 80/80 模式做重要的思想准备。

80/20 模式还有一个值得推荐的优点：为夫妻立下共同的目标，让两个人的打拼有方向、有动力、有默契。不足之处是共同的目标多半由男性来拍板，女性甚少有发言权。一般说来，丈夫会期待妻子勤劳贤惠、持家有方。丈夫认为妻子应该对孩子无微不至，循循善诱，迎来送往能拿捏住最佳的分寸，在客人面前摆得出最漂亮的姿态以及餐桌。妻子都希望丈夫在职场上左右逢源、平步青云。再说一次，我们并不想给80/20模式唱赞歌，但这个模式也确实有其良好的初衷和可以落地的效果：激励夫妻携手为共同的目标而奋斗。

活在当下的我们当然不认同80/20模式。不过，人们的鄙夷其实多少带着点事后诸葛亮式的居高临下与自以为是。例如，在很多人眼中，陈腐的80/20模式不过是婚姻在其初级阶段的形态罢了，象征着文化的落后甚至是倒退。幸而我们已远离这场噩梦，迈入了全新的情感纪元。

不幸的是，这些沾沾自喜只是一种幻觉。

18世纪离我们今天并不远吧？区区两三百年的时间就隔开了两种截然不同的婚姻理念。与原汁原味的西方古代婚姻相比，80/20模式已堪称现代文明的代言婚姻了。在古代婚姻中，夫妻关系也是极端失衡的，惨烈程度与80/20模式相比有过之而无不及。但古代婚姻与80/20模式婚姻的显著区别是男性和女性能否自由恋爱，并自主选择配偶。从20世纪50年代开始，年轻人终于可以自主选择伴侣了。在此之前，婚姻是不太考虑夫妻双方的情感需求的，爱情是个不值一提的话题。在漫长的历史中，婚姻都是生存的手段，它要保障的是人们对财富和经济利益的渴求。对站在阶级金字塔塔尖的皇室宗亲与世家豪族来说，婚姻还是一种政治手段，是穿着白纱的纵横捭阖，是执子之手所代表的归降或结盟，甚至是圣歌缭绕下的杀伐与决断。[①] 有了这些衬托，80/20模式委实称得上“现代婚姻”，因为它至少在择偶这个环节上还有几分人性和自由。

① Stephanie Coontz, *Marriage, a History*（New York: Penguin, 2005）, 110–111; Jan Luiten van Zanden, Tine De Moor, and Sarah Carmichael, *Capital Women: The European Marriage Pattern, Female Empowerment and Economic Development in Western Europe*, 1300–1800（New York: Oxford University Press, 2019）.

很多人可能觉得时代的发展早就翻过了 80/20 模式这一页，两性之间已是彻底平等的关系。但不幸的是，时代对这一页其实颇为头疼，想翻但又没真翻过去。互联网高级女高管谢丽尔·桑德伯格（Sheryl Sandberg）在其著作《向前一步》中阐述：两性平等有着令人心动的口号和令人心酸的现实。[①]职场就是个典型，女性员工表面上拥有和男性员工平等的权利与地位，但多年来，同等条件下的男性总比女性挣得多，且女性的职业发展“天花板”更低，高管层几乎默认男性优先，甚至女性止步的规则。[②]

性别平等是个美好的理想，但理想和现实之间横亘着一条巨大的鸿沟，当代的婚姻就构筑于这条鸿沟之上。在实现了工业现代化的国家里，每个人可能都支持两性平等，相信各种幻妙的口号与目标。美国的独立民调机构皮尤研究中心发布的一份报告显示：97% 的美国民众支持两性平等。[③]这些都是大家口头上的表示，而非行动上的落实。80/20 模式中的不平等、不公平也体现在当代的婚姻中，即便是那些看上去非常开明的夫妻也逃不了，只是体现的方式更加隐晦，不易被人察觉而已。

在当代，80/20 模式的不足之处并不能充分暴露。大量的采访结果告诉我们，有些婚姻中的不公平与不平等是堂而皇之、显而易见的，有些则悄无声息，不着痕迹却毫不手软地腐蚀着人们对婚姻中公平的追求。

堂而皇之的不公平

艾比和戴维的婚姻故事就是 80/20 模式在当今社会的一场完美展示。他们

① Sheryl Sandberg, *Lean In: Women, Work, and the Will to Lead*（New York: Knopf, 2013）.

② “Women Had Higher Median Earnings Than Men in Relatively Few Occupations in 2018, ” US Bureau of Labor Statistics, March 22, 2019; Benjamin Artz, Amanda Goodall, and Andrew J. Oswald, “Research: Women Ask for Raises as Often as Men, but Are Less Likely to Get Them, ” *Harvard Business Review*, June 25, 2018.

③ “Gender Equality Universally Embraced, but Inequalities Acknowledged, ” Pew Research Center, July 1, 2010.

相识于大学校园。那时的戴维流连于兄弟会的各种酒席，把啤酒乒乓球赛[①]玩到了天花板的水平。但戴维生活技能很低，笨手笨脚得不像个成年人，二十几岁的人居然从未洗过一件衣服。每个周末，戴维会花 20 分钟时间回趟家，让妈妈代劳把脏衣服洗好叠好，再带回学校。

艾比则是与戴维正相反的另一个极端，堪称生活达人。她早就学会使用洗衣机和烘干机，把自己的收入管理得清清楚楚，能独立规划行程、订票，回家探望父母。她会为自己设计每周待办事情，如收纳和处理各种账单、待做学习任务，待处理生活问题……

从两个人坠入情网那刻开始，一个失衡的情侣相处模式便开启了：艾比打理所有事物，戴维只需坐享其成。戴维的信用卡要艾比帮忙申办，因为戴维着实没兴致或劲头完成申请。每次出行的机票都要由艾比敲定并购买，因为戴维不可能搞得定。一开始，艾比的体贴只是偶尔一两次的江湖救急，但后来这就变成了两个人交往时的常态。

二十年光阴如白驹过隙，但艾比与戴维依然保持着如大学时的相处模式：艾比操持家中的一切，戴维心安理得地过着衣来伸手、饭来张口的生活。两个人在事业上的发展也高下有别。戴维在咨询行业工作。艾比已经成为一家跨国企业的 CEO，薪水自然也比戴维高出一大截。尽管是家中赚钱多的一方，但艾比依然是操心的一方。她说："我是家中挣钱的主力，所有的家务和孩子的照料工作仍压在了我的肩上。你能想象我怀着 8 个月的身孕，依然忙里忙外的样子吗？那时的戴维连问都不问一句，根本不打算给我搭把手。当然，我也没有向他提过什么要求，因为即便提了也没用。我害怕因为我提要求，导致双方争吵，会毁掉这段婚姻。我从来没考虑过离婚的事情，我并不想离开戴维。"

① 这是一种风靡美国大学的喝酒游戏。双方要轮流把乒乓球扔进对方摆好的啤酒杯里，如果扔进杯中，则对方要喝光这杯酒。酒先被喝光的一方即是输家。——译者注

两个人的关系失衡得非常明显。回到家里，艾比便化身为 20 世纪 50 年代的完美贤妻，事无巨细地打点好所有家务，照顾孩子更是责无旁贷。与此同时，她在外还有份全职工作，要管理一个庞大的跨国企业，每周工作六七十个小时是非常正常的事情。妻子要肩挑两份重担：CEO 和全职妈妈。戴维只有一份全职工作，下班后便彻底自由放飞，可以把自己塞进沙发里尽情追剧，眼中除剧中画面以外，再装不下一块抹布或一把笤帚。

艾比聊起自己的婚姻生活就有满腔悲凉与万般紧迫，一度甚至还坦言："戴维是彻底指望不上了！好在我找到了很多窍门和妙招跟生活斗智斗勇，总是能化险为夷。所以我也不需要戴维了。"

艾比和戴维的婚姻状况当然是极端情况，不能代表普遍情况。不过最近的研究都在告诉我们，多数家庭在家务分担上都会失衡，且程度还不轻。皮尤研究中心的报告显示，父亲们每周平均花了 8 小时照顾孩子，10 小时做家务；母亲们在这两件事情上则分别要花到 18 小时！[①] 近年来，这个差距确实有缩小的趋势，但妻子依然比丈夫做得多，辛苦得多。

隐蔽的不公平

艾比和戴维婚姻中的不公平令人一目了然。当代婚姻中的不公平往往不会展露得如此露骨，它们通常难以察觉。有时问题明明已非常严重，却让人难以在表面上抓住把柄。可就算披上羊皮，性别歧视依然如猛虎。它还是会伤害婚姻的公平性，带来同样恶劣的影响。

这些隐蔽的不公平不光指谁做了更多家务，或在育儿上出力更多。它更指

① Gretchen Livingston and Kim Parker, "8 Facts About American Dads, " Pew Research Center, June 12, 2019.

谁为了维系这段婚姻付出了更多的心力，忍受了更大的精神痛苦与情绪负担。费体力和费心力是两个概念。前者其实没那么难，如给手机充值，或给到期的驾驶证做延期等。想想看，去公交车站把孩子接回家能有多难？难道需要你读到博士才能胜任这个任务？

但当这些杂事向你汹涌而来，且无人跟你分担时，势态顿时就严峻了：你必须百般周全，时刻挥舞着三头六臂去抵御精神和情绪的围攻，确保每件事情都按时且保质保量地完成。这种激流中的坚持与周旋，才是真的难！例如，手机余额不足时，自己去充才是最简单的。否则你要一而再、再而三地提醒丈夫或妻子，去完成这项明明不难却能让你们火冒三丈的事。朋友来家里聚餐前，你必须小心设计餐点，确保每位客人的饮食习惯都被照顾到：有人要求零麸质，有人要吃高脂低碳的生酮餐，有人只吃素食。其实拌沙拉和切豆腐这些动作简直是手到擒来，完全不用费劲，真正让你精神紧张、情绪崩溃的是排序、分配、规划、记录、提醒等脑力活，厨房里的切、洗、蒸、煮只是一种自动化的体力劳动。

读到这里，你会不会想："劳心"与"劳力"当然不一样，所以本小节一直就在讲这么个老生常谈的道理？过去甚少有人关注它们的区别，就连最优秀的心理学家和社会学家也忽略了它。直至最近人们才弄明白，家务真正的痛点在于劳心而非劳力。随着近年来女性在职场的活跃度的提升，专家们终于发现，一段关系是否公平，不能仅用双方做家务的时长来衡量。因为现实中完全有可能出现两个人付出的时间不相上下，但女性依然要忍受隐形的不公平的现象，不论一件事情由谁去做，妻子总是最后要去"兜底的那个人"。[①]

美国加州大学伯克利分校的社会学家阿莉·拉塞尔·霍克希尔德（Arlie Russell Hochschild）指出，打理一个家庭时所付出的精神代价也应该有个属于

① Judith Shulevitz, "Mom: The Designated Worrier, " *New York Times,* May 8, 2015.

自己的名字，或许可被称为“情绪劳动”[①]。我们向霍克希尔德教授请教了情绪劳动与其他劳动之间的区别。她回答道：“情绪劳动更像一种危机管理或战略筹划。做它的人要时刻记挂着什么时候哪件事可能要出什么错，以及该怎么办，才能防患于未然或挽大厦于将倾。而且他知道这份操心与累心没人帮得上忙，再苦再难也只能自己扛。”

霍克希尔德教授描述的这种情绪劳动是无形的，很难被注意到。洗碗、给孩子换尿布等家务当然也是沉重的体力负担。但经营一个家庭时，还有太多别人看不到你却躲不掉的心理负担与压力在对你虎视眈眈，恨不得将你生吞活剥。我们都懂，“苦其心志”远比“劳其筋骨”更让人焦躁崩溃。家庭中的各种待办事项和问题层出不穷。你永远都在思考：什么时候该邀请谁和孩子一起去哪里玩，以给孩子的童年画上欢乐畅快的一笔？是不是该跟某位老朋友约顿饭了，否则有些关系就要淡了？老爸老妈的结婚纪念日还有多久，千万别忘了去个电话祝贺一下？

情绪劳动没有可见的形式，也没有时间单位可以度量其难度和强度。我们在为撰写本书做访谈时，却在一些出其不意的瞬间，窥见了情绪劳动的存在。有位男性受访者名叫詹姆斯，他说自己是个开明的人，坚决支持两性平权，且有一颗柔软、敏感的心，会真诚关爱女性。他也是第一批大力支持女性政治候选人的选民，但他却被自己的一句话“出卖”了。当我们跟詹姆斯商量对他们

---

① 我们亲自采访过阿莉·拉塞尔·霍克希尔德教授，听取了她关于“情绪劳动”的定义。她特别强调，“情绪劳动”这个概念其实有着严格的外延，特指公共领域或市场上需要承担巨大情绪压力的从业者，在工作时所付出的耐心与耐力。这些行业通常都是服务业，工作人员需要当面或通过电话与客户、领导沟通，如空乘、秘书、后勤支持部门的员工等。所以，为了把家庭内外的“情绪劳动”区分开，霍克希尔德教授建议在家庭中用“情绪家务”一词，而让“情绪劳动”回归家外的工作领域。不过在当下的社会语境里，人们已经习惯了用“情绪劳动”来指代操持一个家庭所需的精神付出，所以本书作者在讨论家庭内劳动时也选择了“情绪劳动”一词。参考：Arlie Russell Hochschild, *The Managed Heart*（Berkeley: University of California Press, 2012）。更多关于情绪劳动的内容，可参见杰玛·哈特莉（Gemma Hartley）著的《她们不是唠叨，只是受够了：不被看见的情绪劳动》[Fed up：Emotional Labor，Women，and the way Forward（New York：Harper On 2018）]。

夫妻俩的采访时间时，他在回复的邮件里只说了一句话。

> 我家一直都是我的妻子史蒂芬妮来管这些事，你们问她就好。

我们手握大量的调研数据，可以证明情绪劳动的存在，但都不如这句看似云淡风轻的回复来得入木三分。一句“你们问她就好”透露着詹姆斯的内心独白：定时间这种杂事就别找我了，我妻子才该操心这些。还有那让人心中一紧的四个大字“一直都是”，就更表明了这个家长期以来对妻子的压榨。压在史蒂芬妮头顶的不是一座有形的大山，而是一股沉重的空气，是一呼一吸间自己无从拒绝的神秘气息。它会钻进妻子身体发肤的肌理中，不经意间便让妻子俯首听命。它会萦绕在丈夫的眉间与指尖，成就起他莫名其妙的权威感与优越感。詹姆斯回复这句话时，最后还带了个俏皮的眨眼表情符，但我们着实搞不懂，它想传达什么情绪？它还能传达什么情绪？

或许詹姆斯口中的“你们问她就好”在主观上并没有恶意。他能淡定地说出来，可能是因为他同其他男人一样，根本不知道情绪劳动的存在。毕竟这不是一种可以被人看到的劳动，且它实在是太“狡猾”、太“阴险”了。

THE
80/80
MARRIAGE

第 2 章

50/50 的新潮流，平等乏味
公平分担，为什么幸福感还是没了

汤姆和莎拉的婚姻是典型的 50/50 模式。两个人都有宏大的理想与旺盛的事业心，坚信夫妻双方是平等的。因此，他们立志要找到一种不同于长辈的婚姻模式。

公平原则成了他们婚姻的指导原则。在大事上，两个人都有平等的话语权，共同决定怎么消费、储蓄、投资，或怎么教导和抚育孩子，等等。在一些鸡毛蒜皮的小事上，他们也忠诚于公平原则，每个人都不占便宜也绝不吃亏。只是在有些场景里，怎么分工才公平着实让人头疼。例如，夫妻俩一起参加聚会时，孩子该谁来管呢？而谁又可以与好友尽情聊天了呢？

在他们父母那代人的婚姻中，根本不会把它当成问题，因为那时的妻子是随时在岗的，即便在聚会时也不例外，围着孩子转仿佛是流淌在她血液里的本能与使命。妈妈们通常会聚在一起，一边带孩子一边聊育儿的甘苦经或街坊邻居的传闻；爸爸们的血液里却只写着“开心就好”四个大字。

汤姆和莎拉当然不会选择这种生活。他们认为婚姻不该是一个服务于丈夫的小“帝国”，妻子绝不是丈夫这个“帝王”身边默默奉献、逆来顺受的“随从”；好的婚姻应该是一个“民主国家”，充满了平等、公平和正义。为了打造心中的理想婚姻，两个人设计了一套典型的 50/50 模式。这套模式堪称亲兄弟明算账的极致版，直白、公平得令人哭笑不得。

我们来看看这个模式具体是怎么给两个人进行分工的。每到聚会，夫妻俩便轮流和朋友们聊天，轮流陪在孩子身边。以十分钟为限，彼此交换角色。有时是汤姆先照看孩子，莎拉和朋友们轻松交流。十分钟后，闹铃响起，莎拉立刻如午夜的灰姑娘般起身，赶回来接管孩子，此时汤姆便可以跟朋友们开心聊天了。在这种模式下，每个人都肩负相同的职责与权利，在任何环节都有一样的时长，所以陪孩子与社交活动可以公平地两全。

这个精妙的系统一度运行得很好，但后来还是被废弃了。不难想象，总有一个瞬间会有人打破“十分钟一换”的规则。破局者必定是正在聊天的那一方，于是照看孩子的一方难忍焦躁，出现怨恼。

其实，真正的问题不在于表面上谁没遵守规则，而在于这个系统的底层逻辑。追求公平当然没错，但是婚姻生活太复杂了，太多的人、事、物、情牵扯其中。你要呵护的远不止一日三餐与两个人的四季，还有孩子、事业、宠物、父母……汤姆和莎拉的故事让我们明白，50/50 模式在现实面前是多么地不堪一击。

公平意识的萌芽

汤姆和莎拉不是为公平之战打响第一枪的人。如果真要溯源，这场战役的发起者应该是阿利克斯·凯茨·舒尔曼（Alix Kates Shulman）。

让我们把镜头拉回1972年，去看看年轻的舒尔曼，当时她与丈夫以及两个年幼的女儿在纽约生活。女儿们出生后，丈夫的生活一如既往，仍然按部就班地工作，仍然可以随时出门，并想在外面待多久就待多久。舒尔曼却承担了高强度工作——每天朝六晚九地为家里家外的诸多事务来回奔波，她马不停蹄地周旋于自助洗衣店、儿科诊所等地，时刻与年幼的孩子们斗智斗勇，耗尽心力。①

当时正值新一轮女性解放运动高歌猛进，舒尔曼深受鼓舞，誓要找回属于自己的公平。她跟丈夫拟了份《婚姻管理协议》，寸土必争地捍卫着婚姻世界里的绝对公平。《婚姻管理协议》实际上是一份细致到极致的任务清单，事无巨细地设计了每个人该在何时、用什么方法完成哪种家务。"既然双方都是家长，"舒尔曼说，"双方就应该扛起同样的育儿压力，做同样的家务。在家务的量上谁都别占便宜，每个人都承担50%才行！""万一某天有人偷懒了或实在完不成怎么办？"我们问道。她表示偷懒的一方要多做一份，把曾欠下的那份家务补起来。

分配范围涉及了各个方面：早上起床后的梳洗照料，接送孩子，孩子的日常看管、哄睡，对接育儿嫂，在工作日看护生病的孩子，周末陪伴孩子，做饭、采买、打扫、洗衣等。以辅导孩子功课为例，舒尔曼负责周一、周三、周六，她的丈夫负责周二、周四、周日，剩下的周五则是"清算日"，之前有亏欠的人要在这一天辅导孩子功课，为自己"还债"。②

1972年，这部铿锵有力的50/50模式婚姻宣言书正式出版，一石激起千层

---

① Alix Kates Shulman, "A Marriage Agreement," *A Marriage Agreement and Other Essays*（New York: Open Road, 2012）, 9.

② Shulman, "A Marriage Agreement," 9–14.

浪。它挑动了社会的神经，遭遇了千夫所指，还被广泛地恶意曲解与利用。当时的知名杂志如《生活》《红书》《魅力》都转载过这部婚姻宣言书，只是各家版本略有不同。[①] 眨眼间，舒尔曼陷入了舆论的风暴，有人尊她为女权斗士，也有人把她当成个笑话。

我们找到了舒尔曼，年逾 80 岁的她还住在纽约。时至今日，她自己也觉得当年的那份《婚姻管理协议》有些夸张了，但随后她又说道："你能想象吗？那个时代的女性不能自己独自出现在任何高级餐厅里。没有男性陪同，别人会把她当成妓女。"舒尔曼跟我们描述了那个晦暗的年代：丈夫不能做任何家务，也不需要照顾孩子，哪怕一会儿也不行，否则，他会认为这是自降身份。失衡到极致的社会现实迫使早期的女权人士（如舒尔曼）不得不走向另一个极端，在婚姻中追求极致的公平，致力于推行 50/50 模式。

20 世纪后半叶的社会发展与变革成就了这种追求。避孕药的推广让女性在性和生育上有了更大的自主权，可以自己决定结婚的时间以及婚后想要的家庭形态。她们能专心念大学，踏实找工作，而不必过早陷入锅碗瓢盆与油盐酱醋的一地鸡毛中。[②] 女性得到了极大的解放，终于能摆脱 80/20 模式下以夫为纲的从属身份，撕掉"妻子""母亲""家务主理人"的陈旧标签，去追求更多、更大、更实质的公平。

经济的进步与产业重心的转移也在鼓励女性走入职场。1950 年，美国的在职工作人员中，女性仅占 30%；到了 1970 年，这一比例已升至 40%；2018 年，这一比例为 47%，也就是几乎占到了一半。[③]2018 年，31% 的美国家庭，妻子的收入与丈夫持平，甚至还超过了丈夫。[④] 女性终于可以在职场上占据重

① Shulman, " A Marriage Agreement, " 15–37.

② Coontz, *Marriage, a History*, 230.

③ Mitra Toossi and Teresa L. Morisi, "Women in the Workforce Before, During, and After the Great Recession, " US Bureau of Labor Statistics, July 2017.

④ A. W. Geiger and Kim Parker, "For Women's History Month, a Look at Gender Gains and Gaps in the U. S., " Pew Research Center, March 15, 2018.

要之地了，在收入上赢过了丈夫。于是“男人挣钱，女人顾家”的 80/20 模式开始走向瓦解。职场女性有了底气和权力拒绝 80% 的家务负担，她们的丈夫也没有了昔日的话语权，不能再仅承担 20% 的家务。

一切变化来势汹汹，冲击和改写着曾一统天下的 80/20 模式，为崭新的时代呼唤着一种崭新的婚姻状态。当代人需要的已不是一个换汤不换药的《天才小麻烦》(*Leave It to Beaver*)①式婚姻了，人们追求的更像是舒尔曼提出的《婚姻管理协议》，是一种 50/50 模式的公平婚姻。

50/50 模式的利与弊

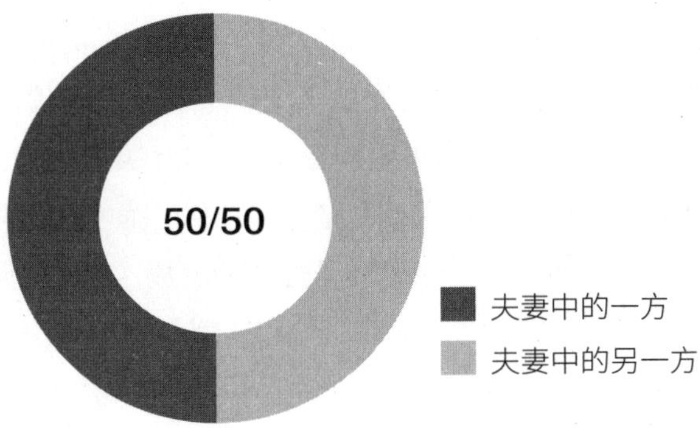

判断标准： 谁输？谁赢？

底层思维： 极致的公平。

结构特征： 混乱的分工与角色。

50/50 模式的诞生成就了一场巨大的跃迁，朝着两性公平迈出了坚实的一大步，将极度压制和歧视女性的 80/20 模式狠狠甩在了后面。它的底层思维简

①《天才小麻烦》是 20 世纪中期的一部美国电视剧，讲述了一对典型的 80/20 模式夫妻及其两个儿子的故事。——译者注

单直白，就是追求极致的公平，双方各承担 50%。公平是这个模式最大的好处。那时正值女性大举步入职场，50/50 模式也开始走入人们的视野。50/50 模式的登场撕出了一条缝，让公平的光倾泻而下。

我们同时也要看到它的另一面。你的婚姻是否曾为求个公平而擦伤不断，甚至皮开肉绽过呢？公平太过绝对，就可能反噬爱情和现实。80/20 模式给出了明确的分工方案和单一的“压榨对象”，妻子和丈夫能有各自清晰的定位与目标。但 50/50 模式却可能引起双方的对立，每个人都有了平等的机会与自由去创业、升职、读书以获得更高的学位。当彼此的目标、计划相左时，不肯让步的双方自然就会剑拔弩张。例如，一个人在公司获得了晋升，但需要到另一个城市赴任。如果举家搬迁，随迁的一方怎么平衡自己的事业；再如，周末和朋友们约着一起远足旅行，那么留守家里照顾孩子们的一方就吃了大亏。婚姻成了一场“零和游戏”，“零和”也正好就是 50/50 模式的基础逻辑：你赢，必定意味着我输。

这种战到最后一秒的霸气很适合职场、商场、球场，毕竟这些场景是真的“一将功成万骨枯”。但这种精神被带到婚姻中，就是在给双方的感情抽筋剥皮了。这种寸步不让的坚持是对抗而不是配合，点燃的是嫉妒而非感动，引来的是恨而非爱。一位受访者就正处在这种婚姻困境里。她和伴侣两个人都有旺盛的事业心和远大的抱负。她告诉我们：“我的丈夫嫉妒我，他看不惯我的每一次进步、每一次成功。这是我每天都必须面对的绝境，但这太难面对了。”

50/50 模式除带来病态的个人主义与嫉妒外，还会让双方在定位和分工上拉锯撕扯。相应地，80/20 模式因为失衡到了极致，倒没有这个问题。处于 50/50 模式中的夫妻谁也不服谁，每个人的责任和能力都是均等的：挣钱、养育孩子、承担家务，没有谁就该多做哪一部分。因此，生活中的油盐酱醋全部变得危机四伏，双方动辄便陷入无休止的争辩中，一定要厘清谁做了什么，谁付出了更多，谁体谅更多，谁忍受了更多。这注定就是一场没有胜负和终结的战役，因为公平本身就没有标准，所以任何一次争吵都没有人能说清到底问题该算在谁身上。舒尔曼提出的协议的确是个思路，但汤姆和莎拉的故事告诉我们，协议可能会把大家带向相反的方向，带来更多的锱铢必较和以牙还牙，引起更大的怨愤，让婚姻岌岌可危。

公平之战的无数个分身

你的婚姻会在哪些问题上与公平问题短兵相接呢？这个问题很重要，因为公平其实很“狡猾”，它常常潜伏在其他问题的表皮下，让你无从感知。公平还会用其他情绪给自己打掩护，如乍一看你似乎没有感到不公，只是焦躁或恼怒。这就很棘手了，你连问题的本质都没有抓对，解决问题就变得更加困难了。

如果你能意识到某轮争吵在本质上是一场公平之战，那么就好办多了。你至少有了解决问题的可能性，有权做出选择：死守“阵地”，或者放下 50/50 模式中对公平的执念，去追求一种更有希望和回报的婚姻模式（下一章将详细介绍这种新的婚姻模式）。

我们第一步应该是及时识别争吵的本质，通过几个关键特征一把揪住公平的“尾巴”，让它不能再在暗处“偷袭”我们的“情感堡垒”。每段婚姻、每轮争斗都有不同的焦点。我们有时是在吵家务的分配，有时是收入的多寡，有时是性、身份地位、态度等。公平之战的几个高频“分身”是极其常见的，下面这 6 条就特别值得我们注意。

- **谁在家务上吃亏了？**家务是 50/50 模式的主战场。任何一项家务都是个“炸弹”，而谁做得多、谁做得少是引爆炸弹的引线。是谁把沙发上的狗毛清理干净的？是谁把已经坏掉的调制奶油倒掉并重新调了新的？又是谁在工作日请假回家，并在约定的 3 小时里苦苦等候随时可能上门的有线电视维修师？你可能会听到这样的苦楚：“我今天在家足足等了 3 小时，有线电视维修师才上门。为此，我取消了一场特别重要的会议。今天轮到咱家送邻居孩子们一起上芭蕾课了，你好歹开车接送孩子们一下，这样都不行吗？”这句话其实是在说：我生气了又怎样？我在家务上不止做了 50%！现在就是你欠我的。

- **谁的亲友被冷落了？**双方如何分配陪伴亲友的时间是场恶战。当你听到这种台词时就要警惕，你们可能已经开始关于陪伴亲友的公平之战了：“你总说不喜欢回我的爸妈家吃饭，现在又凭什么要求周末去陪你的爸妈。这是在开什么玩笑呢？”这句话真正的意思是：陪伴双方亲友的时间必须一样多，应精准到分钟，谁都不能占哪怕一分钟的便宜。
- **谁在浪费钱？**金钱冲突可能是公平之战最狡猾的一个分身。它让人难以察觉其本质，但又极易爆发，杀伤力巨大。假设你省吃俭用，已经好几年没逛街买衣服了。有一天，你的伴侣却拎着一大堆购物袋从商场凯旋，你会不会瞬间火冒三丈？再设想一下，每次父亲过生日，你都只能给他买件运动衫，丈夫却给他自己的父亲送了张快要达到专业比赛级别的乒乓球桌。此时的你心中一定雷声大作。我们不妨继续设想有关浪费钱的场景。你的伴侣可能每周要辛苦工作 60 小时，而你却想“喘口气”休息几个月，思考接下来自己想做什么。那么，你们可能会在挣钱与花钱的话题上争吵：“你怎么能花这么多钱？”“你这么抠门，图什么啊？”“我挣钱那么不容易，累得像个‘骡子’。你就这么天天闲着，好意思吗？”上述话语的潜台词是：我一个劲儿地开源节流，承担了不止 50% 的经济责任，你却胡乱消费，辜负我的勤俭持家，我当然要被气疯了。从另一个视角看，潜台词应是：我也气，气自己怎么找了你这么个上不得台面的吝啬鬼。

- **凭什么处处都得听你的？**这是一种权力之争，争的是谁该服从谁，谁可以支配谁。有时，一方的事业发展会要求另一方做出牺牲来配合，这些牺牲可能意味着做更多的家务，或者在其他事情上的妥协与让步，甚至是丧失自己家中的话语权。例如，一方获得了一份有前途的新工作，而全家必须搬家，随迁的一方就不得不重新在新家处求职。再如，伴侣的收入相对高一些，计划假期旅行时，他会颐指气使、说一不二。此时的你会想："挣得多就能为所欲为吗？"又如，伴侣要出差 3 天，走之前还不以为意地对你说："我走之后，你记得去干洗店帮我把衣服取回来。"你听后肯定忍不住要掀桌子。这句话背后的意思是：我的事业更成功，我比你更能挣钱，我的时间更宝贵。我就算破了 50/50 模式的例、过了界，你也得好好配合我的节奏和需求。
- **谁偷了懒？**孩子出生后，夫妻之间就又多了一个争吵的理由。从此，"闲暇时光"不再如往昔那样唾手可得，变得如黄金般弥足珍贵。你们可能有这样的对话："你刚才没管孩子，逛商场去了，现在该看孩子了吧，我还想出去跑个步呢。"对方的反应肯定是："对对对！我刚才可潇洒了，我购物去了。但我去超市给全家采购生活用品，这也叫'没管孩子'吗？"你们心里都在念叨：晚上、周末、假期等的闲暇时光必须被 50/50 地平均分配，平时的家务分配，谁也别躲、别偷懒。
- **谁之前犯的错更恶劣？**人们总能从对方的过往里挖出些"狠料"，然后站在道德的制高点上撕心裂肺地敲打对方。人们甚至很难给这种行为取个名字或下个定义。当怨恨升级、脾气爆发时，对话往往会演变成一场关于过去伤害的长期公平之争。一方可能痛诉道："你当时居然说得出那种话！"另一方也咄咄逼人："你也做得出那件事啊！"家庭变成了法庭，双方都觉得自己是原告，你

> 追我赶地扔出证据来证明对方在某些事上做得一塌糊涂、狼心狗肺，而自己却百般周全、万般隐忍。一方喊道："那天晚上你居然甩下我，一个人转身就跑！"对方立刻反击："我能不跑吗？你当着孩子的面对我大吼大叫啊！"你们真正想说的是：你犯的错比我犯的错更恶劣，你比我更过分。这不公平，我吃了亏，你欠我的！

让我们静下心细细回顾，看看自己曾经为上面的哪一条（或哪几条）争吵过。也许你还有别的"吵点"，不在上述的例子里，但也请你仔细回顾。所有的回顾都有意义，都是在帮助我们变得更加敏感和审慎，让我们看清争吵的本质，不再被表面的问题与情绪蒙蔽，能在争吵发生的那一刻便知道问题的真正所在，并做出新的选择。

公平之战的两大陷阱

抓到争论的本质，就为解决问题迈出了重要的第一步。第二步我们要探讨一个更加难缠的问题：为什么公平之战总是"阴魂不散"，让人们"剪不断理还乱"？很多人要消磨掉半辈子的时间，与伴侣一次次地进入公平之战的藩篱，循环往复地为"讨个公平"耗尽了心力，才能灵光乍现，摸到真正的答案。他们之前身心俱疲地纠缠于一个个不断重现的问题：谁该给育儿嫂发短信？谁该去给门口的车道铲雪？谁该安排一场亲友团聚了？最后，人们突然意识到，公平其实是个伪命题，它就像沙漠里的蜃楼幻象，让人们误以为只要努力奔跑，就能抵达，可惜人们永远无法抵达海市蜃楼之处。

幻象太美，以至于市面上有大量的书籍教人用它饮鸩止渴。你也可以在这些攻略与模板的帮助下，提笔撰写属于自己的《婚姻管理协议》，但这些协议连安慰剂的角色都演不好，因为一切的精打细算与守土有责都与婚姻的真正理想南辕北辙，越求公平，就越求不来公平。问题出在哪里？就出在下面的公平之战的两个陷阱里。

陷阱 1：无效比较

做比较要有道理和意义，否则便是无效比较。例如，若有人问钢琴家莫扎特、爵士萨克斯风演奏家约翰·柯川（John Coltram）、流行歌手“水果姐”凯蒂·佩里（Katy Peny）三个人谁最厉害？问这个问题的人多半是在挑事，而不是在讨论。因为他的问题没有半点道理和意义，这三位音乐家的表演风格不同，专长不同，甚至连生活的时代都不同。

这种无效的比较太低级、太幼稚，你相信自己一定不会犯这样的错误。事实上，你可能已经犯过这样的错误，并且不止一次，因为公平之争在很多时候就是一种无效比较。

THE 80/80 MARRIAGE

婚姻中的很多不满都源自比较，常常是没有条件创造条件也要比，拿自己的付出与伴侣的付出来比，且无论两者能否相比。

怒火攻心时，双方就只看得见眼前的矛盾与自己当下的委屈，而看不到其他任何事情，体会不到对方做过的任何让步与牺牲，想不起生活中林林总总的其他挑战或任务。实话实说，为家庭负重前行的人大概率不会从头到尾都是同一个人，鸡飞狗跳、柴米油盐的日子里有太多事情必须做，也一直就是轮流分担的：清洁打扫、烹饪采买、庭院维护、工作挣钱、家庭理财、报税申请、节假规划、小孩照料、人情交际、病儿看护、亲戚往来、学校志愿者服务……

试想一下，职业体育界里有没有哪支球队是众望所归的最强战队？你能不能从篮球、橄榄球、冰球、棒球、保龄球、板球等上百种球中，选出最强的王者？你选不出来，也没有人能选出来。篮球跟足球怎么比？比射门还是比投篮？冰球跟橄榄球怎么比？让冰球运动员也拼触地得分吗？不是一类球，比分还有什么意义呢？显然这是无效比较。

我们再看生活中的无效比较场景：年末了，你在某个星期六的下午花了整整 2 小时为本年度的家庭报税做准备。你一一核对和梳理银行流水，把各种单据查来看去，看得头昏眼花。你的伴侣一直不在家，外出见朋友了，他们可能一起按摩放松，也可能去酒吧看了场球赛。傍晚时分，伴侣终于回到了家。他跨过家门闲庭信步的模样顿时让你胸中“噌”地蹿起一股无名火。

此刻的你难过极了，觉得全世界都对不起你。你要把大好的周末时光花在和财物管理软件的斗智斗勇上，花在一张又一张让人抓耳挠腮的无聊单据上，但他却在外面享受岁月静好。这不公平！你的情绪逐渐高涨直至失控：“你知不知道这 2 小时我是怎么过的？我一直在整理报税材料！你在干什么？你一直在外面和朋友玩。”

这几句控诉虽然让人心疼，但也如其他 50/50 模式的声讨一样，都有些捣糨糊的意味。在整理报税材料这一件事情上，一方精准地比较着两个人的付出，尤其要把所花的 2 小时拎出来比，堪称专项、专时的定点比较。一切不公平中的“一切”仅包括眼前的这一件事。你顾不上细数伴侣曾给这个家付出多少，尤其是独当一面的付出：为家中无线网提速、深夜翻身而起给孩子送水、花好几个小时勤勤恳恳地给庭院除草……失控的情绪让你根本顾不上思考婚姻的运营有多复杂了，来不及提醒自己双方的付出本就是水乳交融、浑然一体的。

当代婚姻就是两个人的并肩而行、彼此配合，时间越长，婚姻的账就越算不清楚。这本就是过日子的原理与原则。驶向希望的途中，难免会有狂风骤雨，公平不应该成为夫妻视线的焦点。

陷阱2：视野盲区

陷阱1告诉我们没办法给家里不同性质的贡献打分，没办法做到绝对的公平。现在假设有一种神奇算法可以科学地量化所有付出，为付出评出客观的分数。我们是不是就能用分数来比较谁为家庭付出更多、更伟大了呢？很遗憾，即便有了神奇的算法，我们还是做不到绝对公平。

为什么有了分数还不能保证绝对公平？这次的问题出在人们的视野盲区。夫妻不可能准确把握对方做了多少家务、忍受了多少委屈，甚至对自己做了多少家务、忍受了多少委屈都很难有正确的感知。因为大家了解到的事实与看到的场景总是有限的，而判断又极度依赖这些可能一叶障目的信息，所以对伴侣的评判尤其容易失真。如果输入算法的数据是错的，那么无论算法多神奇，也算不出正确的分数。这种视野盲区与判断偏误在认知心理学上被称为“可得性偏差”①。

不妨静心想一下，你清楚地知道自己为这个家做的每一件事，你回复了很多封邮件，清理了无数次地板上的食物残渣，送孩子上学的次数也多得数不清，而伴侣做了哪些事情，而且做了多少次，你大概率是不太清楚的。你偶尔会注意到他从菜市场回来，胳膊上挂满了大包小包，时不时也会看到他为了给孩子规划课后活动或假期而费神，不过他为此具体花了多少时间，费了多少心力，你是没有概念的。更莫说在其他你根本没有注意到的事情上，伴侣曾付出多少精力。总之，你也许对自己为家庭的贡献非常清楚，但对伴侣为家庭的努力却知之甚少。

20世纪90年代，心理学家发现人们不仅会低估伴侣的付出，还会高估自

① 可得性偏差指人们过度依赖容易入手的经验与数据，并以此判断事物或预测未来，但忽略了其他信息与可能性，未能把握住事情的全貌，最终可能引起判断失准。——译者注

己的付出。例如，印象中，自己做过的家务总是多过实际上做过的家务。[①] 你说自己看孩子看了 10 小时，但其实很可能只是 6 小时；你觉得这次的采买用品花了 3 小时，但其实可能只花了这一半的时间。有趣的是，夫妻双方都会给自己的付出加分，夸大一些事实，但所有相关的心理学研究都指向了同一个结论：男性给自己加的分要多得多。[②]

我们采访了北卡罗来纳大学夏洛特分校的讲席教授吉尔·亚沃斯基（Jill Yavorsky），她是该领域的世界级专家。我们提问："为什么每个人不能准确地判断出自己对家庭做了什么事、多少事呢？"亚沃斯基教授给出了两个原因："第一，因为育儿太辛苦了，所以照顾孩子的人会有种度日如年的感觉，不经意间便产生了对时长的错误感知。第二，很多家务做起来不是连续的，它们不像办公室里的工作，有一段完整而持续的劳动时间。例如，照顾孩子有很多断断续续的小事要人操心，也就是不知什么时候，事情突然就来了。因此，人们没法一一记录做每件事的起始时刻，算出准确的家务时长。"育儿和家务劳动更劳心，且非常琐碎，人们不免会夸大自己的辛苦，很难算出所谓"正确"的家务劳动量。

好，再回到最初的问题，看一下公平之战为什么是个伪命题。首先，无效比较是在拿鱼跟鸟比，人们在怪鱼不会飞，怪鸟不会游。其次，退一万步，人们终于可以给鱼的潜水技能和鸟的飞翔技能打分了，但也不能给它们做出公平的评判。这是因为人们记录下来的潜水数据和飞行数据本身是错误的，基于这些错误的数据打出的分数也是错误的。

---

① 如需更深入地了解这方面的资料，可参考 Scott Coltrane, "Research on Household Labor: Modeling and Measuring the Social Embeddedness of Routine Family Work," *Journal of Marriage and Family* 62, no.4 (2000): 1208–1233。

② Julie E. Press and Eleanor Townsley, "Wives' and Husbands' Housework Reporting: Gender, Class, and Social Desirability," *Gender and Society* 12, no. 2 (1998): 188–218. 更多相似研究可参考 Jill E. Yavorsky, Claire M. Kamp Dush, and Sarah J. Schoppe ullivan, "The Production of Inequality: The Gender Division of Labor Across the Transition to Parenthood," *Journal of Marriage and Family* 77, no.3 (2015): 662–679。

THE 80/80 MARRIAGE

夫妻（尤其是丈夫）对彼此的贡献认知是有偏差的，总会夸大自己的贡献，而低估伴侣的付出。

此外，还有一种情况令人头疼，让50/50模式下婚姻中的一方有了悄悄“搭便车”的可能性：有些育儿工作和家务本来就很有趣，不是一道道“枷锁”，能让人乐在其中。分配这些任务时，表面上的公平搞不好是让分到的一方“占了便宜”。有些事情不是“作业”，而是“奖励”，是我们本来就想做的。

哈佛大学教授简·曼斯布里奇（Jane Mansbridge）是研究女性政治运动的顶级专家，她让我们第一次关注到了“搭便车”的问题。四十多年前，她刚刚生下儿子。一天晚饭后，夫妻俩开始分配家务。她问丈夫是想刷盘子还是给孩子换尿布，丈夫回答都可以。那一瞬间，教授心里响起一个声音：“我不管什么女权！我今天是真的想干活，我就想给儿子换尿布，我就要和儿子在一起！”

“我是一个坚定的女权主义者。”教授说，“但在那天晚上，我无所谓那些女权原则了。我是发自内心地想给儿子换尿布，因为我想和儿子多待在一起，哪怕多这几分钟都好！”

这是50/50模式难以逃脱的僵局，虽然它把80/20模式病态的不公与陈旧的性别观狠狠地甩在了身后，但追求极致的公平、处处计算着谁输谁赢也啃噬着两个人之间的爱与依恋。我们还要继续向前，去寻找一种新的婚姻模式，既满足我们对公平的渴求，又能让我们在当下这个时代找到内心的笃定，享受到充盈的爱与亲密感、联结感。

THE

80/80

MARRIAGE

第 3 章

80/80 的未来趋势，共赢幸福

公平是不够的，只有慷慨才行

当代的年轻人一直在努力改写婚姻模式，不愿再在父辈的活法里重复自己的一生。我们的受访者普丽蒂与安基特也不例外，但他们面临的困难要远大于其他夫妻，因为他们各自的原生家庭提供不了任何可供改造或参考的范本。他们必须另辟蹊径，从零开始给自己创造出一个全新的婚姻模式。

两个年轻人相识于约会软件。双方的父母均是从印度来到美国的一代移民，且都在赴美前就由家族包办了婚姻，全程没有经历过恋爱的环节。

刚在一起时，两个年轻人非常困惑。他们的意识里总存在着两股文化力量的对抗——印度的传统观念与美国的个人主义在不停地拉扯，家里的教导与家外的一切影响相对立，来自大学、社交网络、媒体的言论与立场不断冲击着他们的心灵。“那时的我们过不了几天就会爆发一场争吵，总是在讨公平和抱怨对方。”安基特说：“我不爽！我忍不住问自己，凭什么我已经连扔三次垃圾、擦四次地了，她却管都不用管？凭什么这个家里每顿饭都是我做，每次吃完饭的碗都是我洗？”

普丽蒂对双方在一起承担家庭的体验也没有好到哪里去。她记得夫妻俩当年在做母亲节与父亲节的规划时，决定母亲节去自己家，父亲节去安基特家。这看上去很公平，完全符合 50/50 模式的处事原则。但受访时，普丽蒂却说：“其中的问题可大了！我们在出发时间上谈崩了。安基特表示星期五就去他的父母家过父亲节，而母亲节时要星期六再出发。我当然接受不了，凭什么看他的父母就要星期五走，看我的父母就得等到星期六！我这场情绪闹得很荒唐，因为我自己都不想在我的父母家多待一天，所以我根本无所谓母亲节时是星期五还是星期六到自己的家里。我只是在讨公平而已，我不想吃亏。”

但随着争吵爆发得越来越多，普丽蒂与安基特终于意识到，这些锱铢必较带来的不是公平，他们关于陪伴家人和做家务的争论带来了更多的怒火与怨气。普丽蒂形容说：“我们一碰到分歧、矛盾，就立刻变身成了会计。”

所幸他们悟出了属于自己的解决方法。即使身边没有范例可供观摩和模仿，他们也终于圆融和谐地终结了公平之战。两个年轻人从此不再一一计算每件事情或每个操作对每一方是否都公平，而是把所有事情，包括那些琐碎无聊的日常家务的出发点都改成了对另一方的爱与甘之如饴的付出。安基特说：“我在去擦地板或倒垃圾时，会让自己把这一切看作对普丽蒂的爱，告诉自己这不是在完成我一个人的苦差事，而是在成就我们两个人。”

两个人的协调力与凝聚力更高了，俨然是个并肩作战的小团队。最近，他们又在讨论要不要从芝加哥搬到一个新的城市，以配合其中一人在事业上的新发展。现在，公平与否已不在两个人讨论的范畴内，他们从支持与共赢的角度出发分析搬到新城市的各种利弊，为未来释放了更多的选择与希望。“我们明白了一个重要的道理，”普丽蒂说，“如果有个方案在总体上是有利于这个家庭的，它就是对的。那些彼此折磨型的争吵终于彻底退场了。有些决定看上去是让一方做出牺牲，但现在的我们懂了这是在为我们共同的未来做铺垫，对整个家庭来说是利大于弊的。”

爱情长久的奥秘

我们采访了很多对夫妻，向他们提了很多问题：怎么才能在一片混乱与压力中取得育儿与事业的双成功？时间为什么永远都不够以及该怎么解决？结婚到底有什么好处和痛苦？在得到的所有回答与启示中，我们认为有一点是最伟大、最有意义的：和睦的夫妻有着与大多数夫妻不同的婚姻观。

他们当然都摒弃了 80/20 模式，看都不会看一眼那些失衡的权力架构与陈旧的分工体系。他们信奉地位平等、责任共担、团队合作等理念，但远不止追求一种 50/50 模式的极致公平。

这些和睦的夫妻不会再掉进 50/50 模式的陷阱中。一位妻子这样说：“如果婚姻中的每个人每分每秒都要争公平，就等于每个足球队员都抢着要当前锋一样。都是前锋，谁来传球和助攻呢？谁去后方防守呢？这样无人配合的队伍怎么可能赢？”这些在爱情世界里先开窍的人先一步走进了和谐婚姻的殿堂，他们看清了公平的真正身份：公平是婚姻中的风险和障碍，而绝非目标和理想。

他们不再纠结于谁吃了亏、谁占了便宜、怎么做才是绝对的公平，找到了一种全新的思维方式与家庭分工体系。他们的故事就是一个个从 50/50 模式走向 80/80 模式的成功案例。

80/80 模式：全新的分工理念

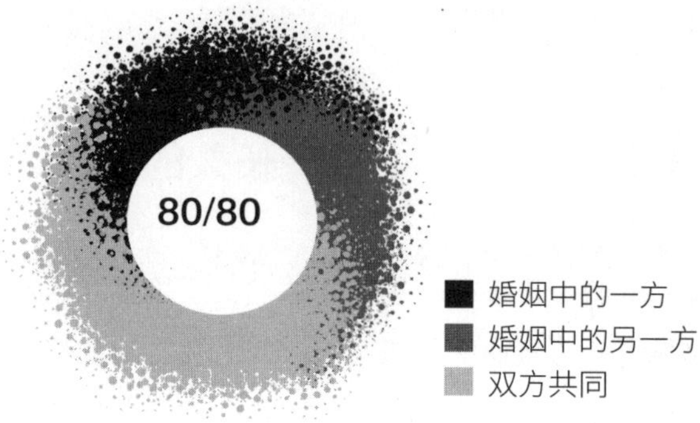

判断标准： 你赢，我就赢。

底层思维： 极致的慷慨。

结构特征： 双方共赢与整体利益最大化。

THE 80/80 MARRIAGE

50/50 模式是在以公平之名分配责任与权力，且总量一定，此消彼长。80/80 模式则看重的是付出，追求的是双方共享的成功。

在 80/80 模式下，每个人都承担家庭里 80% 的责任与压力，一起去实现 160% 的成功。

你可能认为这样计算实在太荒唐，根本不可能有 160%。换个角度想，为什么我们会默认一个家庭能获得的爱、亲密感与成功是有上限的？为什么满分只能是 100 分？这些其实都是 50/50 模式套在夫妻头上的思维“紧箍咒”。从上面的图示可以看出，80/80 模式正是要夫妻甩掉这些思维定式，突破 50/50 模式中所谓的上限，走出那些莫须有的零和游戏，去追求幸福感、联结感和亲密感都达到 160% 的全新婚姻。

我们不妨放下 50/50 模式下“你赢，我就输”的观念，尝试相信 80/80 模式下的“你赢，我就赢”的观念，夫妻不再是两个彼此独立的个体，有了矛盾或困惑也不再声嘶力竭地“讨个公平”。夫妻可以走进一种新的共生模式，协力同心、甘苦与共，在事业、育儿、情感的一道道洪流中携手徐行。

80/80 模式要求夫妻双方在思维方式和婚姻形态上都做出本质的转变。首先，在思维方式上要一改往日动辄就计算得失的习惯，重新感知、解读、思考到底应如何与另一个人分享这一生。夫妻双方要彻底挥别对公平的执念，试着用广博的视野和慷慨的心胸去为两个人共同的幸福付出。一位男性受访者说：“我们都不在乎一件事是不是公平，只会不约而同地主动退一步，去为这个家奉献，去成就另一方。妻子告诉我孩子同学的妈妈们正在筹划一场慈善义卖，大家要把自制的烤面包、蛋糕等当作商品售卖，以筹得善款。我的第一反应是我得帮忙啊！哪些事需要我来做？”这种条件反射般处处都想支援对方的态度，就是 80/80 模式下的“极致的慷慨”。

其次，夫妻双方要在婚姻形态上做出彻底的转变，用一系列全新的行动、组织方式、责任体系、习惯、流程、实践等构筑一个全新的婚姻形态。这些看得见的行为将让夫妻双方在现实世界里紧密联合，在这个纷繁复杂、吵吵闹闹的人间做彼此的支撑。80/80 模式崇尚共同的幸福与成功，拥有破土新生的分工体系、对轻重缓急的判断标准、边界概念、权力结构，甚至是亲密体验。在实际操作上，夫妻要把 80% 的精力都用在同时有利于两个人的事情上。一位女性受访者说：“人们很容易反复犯同一个错——太过强调‘我’，而不是‘我们’。”另一位女性受访者也分享了她类似的婚姻秘诀：“婚姻中两个人不论谁成功，都不意味着‘胜者为王，败者为寇’。我们都懂夫妻成败是一体的道理。”

THE 80/80 MARRIAGE

请记住，“我们”优于“我”，“一起幸福”比“我不吃亏”更重要。

内在的思维方式与外在的婚姻形态如同婚姻的软件和硬件、指导思想与落地方案。如果两者步调一致，夫妻做出的决定将变得极其有开创性和建设性，处理事情的效率会直线上升，两个人也会齐心协力、所向披靡。但若两者中出了问题或漏洞，两个人会处处感到无力、无奈。这样的婚姻状态就像我们用一台破旧的计算机画贺卡一样，动不动就卡顿，整个过程都变得缓慢而沉重。

把思维方式和婚姻形态都调整到了 80/80 模式，你会发现自己不用在那些分不出输赢的争论与对吼上耗费能量和心力了，整个人都放松了许多。夫妻双方能集中注意力、一致对外，收获生命中最宝贵的成就：有稳健的家庭收入、幸福地养育孩子、保持对这个世界更大的善意、一起去尝试疯狂而浪漫的冒险，甚至还有无比和谐的夫妻生活。

要不干脆 100/100 模式

既然要追求极致的慷慨，我们要不要直接实践 100/100 模式？让大家一步到位，实现 100% 的无私奉献，这不更好吗？

答案是不必且不好。80% 的无私奉献已经是极致的慷慨了，已经能从 80/20 模式和 50/50 模式中解救婚姻了。追求极致有点像运动后的肌肉拉伸，力度要恰到好处，否则就会伤到自己。追求慷慨与奉献过了头，你将把自己推向另一个极端：丧失自我认知，以及独立的判断和目标。

为家庭付出的关键是掌握一个恰到好处的分寸，既不过分强调自我也不过分牺牲自我，所以我们认为 80/80 模式比 100/100 模式更加均衡和现实。一位男性受访者把自己的婚姻状态形容为一辆失控的大巴车，过分地压抑和贬低自我让他坠入了深渊："我坐上了一辆驶向婚姻的大巴车，上车前从没思考过自己到底想不想踏上这段旅程。当时，结婚似乎是我必须交的一件差，以至于我忘了问问自己什么才是自己想要的生活，当年那个稀里糊涂想着‘把婚结了再说’的自己害了当下的自己，结婚是我现在所有痛苦和烦恼的罪魁祸首。”这个故事的主人公就是典型的在婚姻中过度妥协、奉献与压抑自己的人，燃尽了自我，也丧失了自我。

80/80 模式鼓励每个人为家庭做到极致的慷慨，不过这种极致必须是健康且可持续的。它应该有一条警示线，只要不越过这条线，你就既能为自己所爱的人奉献能量，又让自己独立和保持清醒，拥有一颗充盈的内心。这条线就是 80% 线。

80/80 模式的好处

下一篇起，我们将详细介绍 80/80 模式的操作方法，告诉大家如何在现实生活中调整思维方式与婚姻形态。你可能会问：“我的生活已经够乱了，每天一睁眼，就有无数待办事项和紧急事务向我袭来。我何必还要花工夫去折腾新的婚姻模式？折腾到最后，我能得到什么好处？夫妻关系真能变得更好？”

我们有信心回答上述问题，因为 80/80 模式的确有三大好处。

变对抗为合作，化冲突为灵感

那些让彼此心力交瘁的拉锯与抗争、压制与怨恨，到底浪费了多少时间和能量？这些负能量与负面情绪又会引起怎样的连锁反应，以至于让工作、育儿、健康都受到牵连？更莫说所有效应还得乘以二，因为你的伴侣也躲不过它们的荼毒。无休无止的冲突让这场婚姻永远烽火连天，让夫妻时刻都被压力、恐慌、怒火、焦虑压得喘不过气来。

当然，婚后的很多冲突看上去可能是很“温和”的，不至于回回都要发展到扔锅砸碗的程度。若有若无的抵抗情绪横亘在两个人之间，让人时不时便隐隐地感到不爽、不平和不甘，却没有明确的引爆点。要知道，再“温和”的冲突也是冲突，也会吞噬双方的耐心与能量。就像穿上了一双不太合脚的鞋，偶尔穿一天，可能会在后脚跟磨出个小水泡，你尚且还能忍，但连穿了一个月后，你的脚可能被磨坏了。

升级思维方式与婚姻形态，能让你们从这些困顿与挣扎中脱身而出，获得指数级增长的正能量。你们将不再龙争虎斗，而是英雄相惜，携手同行。两个人都会更有活力和创造力，有更强的能力与更大的产出。你们不再是两个各担风雨、输赢自负的个体，一种今非昔比的联结感将贯穿你们的每一次成功与进步。你们也会有更多的精力去照顾孩子，甚至还可能用你们的方式去影响和改变这个世界。

让亲密时光更甜

80/80 模式推崇的爱情法则相信，家里家外的杂事与夫妻晚间的亲密时光有着紧密的联系。乍一看，这个结论很荒谬，做盒饭、给孩子约玩伴、清理排水沟的枯枝落叶等杂事跟夫妻生活有什么关系？我们接下来就要聊聊两者的强相关性。

人的情绪是有延续效应的，坏心情与负能量不可能随着你们进了卧室就戛然而止。你们在超市排队结账时的小争吵、小摩擦一定会“余音”绕梁，三日不绝，也会影响到你们的亲密时光。

转向 80/80 模式，在用新的思维方式与婚姻形态来武装心灵与行动后，一切都将柳暗花明。它会让你们在热恋期才有过的亲密与默契重见天日，且更胜往昔。

世界因你们的幸福而更幸福

人类世界很忙，有太多的危机和灾难正向它呼啸而来：饥荒、气候变暖、疫情、政治动荡……凡夫俗子的情爱与悲喜在这个宏大的背景下看上去轻如鸿毛，不值一提。但它带来的身心创伤会如水面的涟漪般渐渐扩散，不断扩大伤害的范围，祸及无辜，殃及孩子、父母、兄弟姐妹、朋友，以及身边的人。婚姻会影响人类世界，但影响的方式不一定如我们所愿。

拯救婚姻就是拯救自己的人生，拯救人生就是拯救人类世界。人们将对世界放下猜忌和怨愤，而报之以爱、欢喜和理想；将给孩子们树立一个全新的榜样，让他们看到一种无与伦比的和谐婚姻、一种用极致的慷慨与共赢理念打造的两性关系。这是会让孩子都赞叹并感恩的一笔精神财富。当人们致力于改善婚姻关系时，这不仅有利于婚姻生活，也会给世界带来积极的变化。

80/80 实操练习

不要把 80/80 模式当作婚姻咨询服务

我们能接受婚姻咨询的理念，也身体力行地在接受婚姻咨询服务。时至今日，我们在遇到婚姻过不去的坎时，第一反应还是向婚姻咨询师求助。80/80 模式不是婚姻咨询服务，不能有针对性地回答具体问题，或解决具体纷争。80/80 模式是情感世界里的上层建筑，要改变的是人们的思维方式与整体婚姻形态。因此，夫妻可能既需要 80/80 模式，也需要婚姻咨询服务。两者相辅相成，互为补充。

不要把 80/80 模式
当作疗愈过往情结与伤痛的药

生而为人，难躲岁月崎岖坎坷。那些穿过了漫漫时光、至今仍在的伤疤总在提醒人们当年遇到过多么错的人，或有过多么痛的原生家庭。80/80 模式是帮你扶正思维和行为的“方向盘”，找到婚姻中的新方向，但它不是心理咨询师。当你需要抚平一个创伤、解开一个心结时，你还是需要向专业的心理咨询师寻求帮助。

可以把 80/80 模式
当作最新版本的婚姻导航

传统意义上的婚姻书籍往往术业有专攻，会专对某一种特定的场景、技能或问题提供具体的改进建议，如倾听、照顾、赞美、情绪管理、冲突调解等。80/80 模式解决的是当代婚姻中常见的一种思维误区——动辄就要“讨个公平”的计算与拉扯。80/80 模式要创建的新思维方式与婚姻形态就是要把大家从公平之战中拉出来，解决当代婚姻的这一大痛点。解开公平之战的困局是这个时代的独特需求。80/80 模式会教大家运用一部分经典而常用的技巧，也会有很多开创性的工具和理念，以适配需求。

一定要学以致用

80/80 模式介绍的每一条思路、每一个方法都可以落地实施。我们会提供极具实操意义的工具和步骤来帮你学以致用，在现实生活中实践 80/80 模式。接下来的几章将介绍许多全新的技巧、发现、规律、习惯。本书的读者不需要当一个死记硬背的学生，往自己脑子里强塞一个个新概念，如慷慨、联结、爱、亲密等。我们要当实践者和实验者，亲身验证这些理念的作用，亲自体验它们的新奇与强大。

80/80 模式看起来颇有几分诱惑力吧？你准备好读下去了吗？请翻开下一篇，我们要从思维方式开始，升级这场婚姻了。

THE

80/80

MARRIAGE

第二篇

升级思维，创建情感新模式

THE 80/80 MARRIAGE

第 4 章

极致的慷慨：80/80 模式的底层思维
从“我付出了什么”到“我还能给予什么”

下面是两段采访实录，两位受访者在描述自己的婚姻时，心境大不相同。在看完两种泾渭分明的婚姻形态后，你也可以问问自己：哪一种婚姻形态更好呢？哪一种婚姻形态是我想要的？

婚姻形态 1

有了孩子之后，我觉得我和丈夫做什么事都不合拍了。这与我们之前的预期、需求完全背离了。在家务方面，丈夫从不会给我搭把手，连一些举手之劳都懒得“举”。他没有一次主动说“我今天可以去接孩子”或“这事儿交给我吧”。当然我们并不会因此大吵。这个家仿佛有一条不成文的规定：妻子就该多做一点，家中的事默认就是妻子的事，如做理财、规划储蓄与投资、给孩子约玩伴等。例如，孩子要参加活动，丈夫从不跟我商量谁开车去送。我知道他觉得这件事压根跟自己没关系。可笑的是，每每谈到我的事业发展时，他又能立刻化身为好男人，表现出对独立女性的尊重与体贴。他会说："我是绝不会妨碍你追求事业的。"这话说得好听，但他做的每件事都在妨碍我追求事业啊！我要是也不顾孩子们，他们得多可怜！

婚姻形态 2

还记得搬到一起住的那个晚上，我们第一次共享洗手间。当时，我们站在洗手池前准备刷牙，他突然转过头问我："你希望咱们以后把牙膏放在哪里？你习惯把牙膏放在台面上，还是把它收进抽屉里？"听了这句话我的心都要化了，忍不住对自己默喊："我的天哪！这个男人可是找对了！"在之后的相处中，他总会在一些细节处给我关怀，站在我的立场考虑问题，帮我解决实际问题。例如，洗碗机完成工作后，他会主动从洗碗机中拿出碗筷并收纳妥当；在照料孩子方面，他也不需要我开口提醒他要做什么，会主动找很多活去做。他还有非常浪漫的一面，连去加油站他都会趁机买张贺卡，在贺卡上写上对我的感谢话语，让我知道我是个多么完美的母亲和妻子。他可不是随手把贺卡给我就完事，而是会悄悄把它塞进我的包里，让我不经意发现这份小小的惊喜。我常常感慨："我真是太幸运了。"这些看似不起眼的做法让我感到格外温暖、有力量。在生活中，我们俩都在竭尽全力地呵护和成就对方，爱得不遗余力，都会给对方意想不到的赞美，以及各式各样的、令人喜出望外的体验。

这两段采访实录让我们不由得感叹婚姻的多样性，两种婚姻生活真是天上地下，悲喜各异。第一段婚姻堪称 80/20 模式和 50/50 模式缺点的集合体，并无两种模式的优点。从第一段婚姻采访实录中，你能窥探到 80/20 模式中失衡且古旧的两性架构，也能看到 50/50 模式中引爆无数摩擦、焦躁和愤怒的"讨个公平"式的拉扯，即所有事情必须被公平对待，但其实并没有。这种婚姻注定会带来持续的失望和挫败，身在其中的人惶惶不可终日，因为自己的另一半永远是言而无信的。

第二段婚姻采访实录其实已经为我们呈现了 80/80 模式的一段剪影。它给我们描述的婚姻世界充满松弛感、希望和活力。我们由衷地感叹这样的婚姻也太美好了！每天一睁开眼，你想的就是怎么支持、关爱、鼓舞伴侣。双方从不在乎自己是不是吃了亏，甚至根本没有想过“吃亏”这个概念。双方是彼此的镜子，映照着对方的温存与慷慨。

从婚姻形态 1 进化到婚姻形态 2，相当于把一台黑白电视机升级成了彩色电视机。黑白电视机能显像，并非残次品，你想用它的话，当然没问题。但当你观看彩色电视的时候，节目画面的每一帧都明艳、鲜活起来，令人惊赞。

这两个婚姻形态的分水岭在哪里？答案是思维方式，是一系列微妙的心理习惯累加起来，让处于两种婚姻形态的人形成了不同的思维方式，存在大相径庭的行为方法，使得在解读伴侣的行为时，也有了相异的观察角度。

80/80 模式的 3 个核心思维

践行 80/80 模式，我们需要具有什么样的思维方式？第 5 章到第 7 章将回答这两个问题，在此之前，我们先要了解 80/80 模式的 3 个核心思维。

首先，是你为婚姻做出的贡献，即你做的事。你要带着一种全新的态度去处理日常生活中的各种事务，包括干家务、育儿、为家人提供情绪价值、统筹规划生活、接送孩子、采买物品等。我们会为之付出更多的努力，不止于 50% 的努力，这些均是能改善婚姻的努力。简言之，我们要为婚姻做出贡献，去成就伟大的婚姻事业。一位刚从婚姻危机中劫后余生的受访者表示：“生活差点把我们打趴下了。如果我们不打起十二分的精神朝着共同的目标奋斗，不把关键性的杂事一一解决，那么，我们的婚姻早就结束了。”

其次，是你给予对方的赞美，即你对伴侣行为的解读。极致的慷慨要求我们从一个全新的视角出发，观察和理解婚后的世界。我们要学会原谅伴侣时不时搞出的一地鸡毛或无心之过，也不要去计算对方是否占了便宜。我们要给自己的眼睛戴上一层玫瑰色的滤镜，去发现伴侣的好与善，并为之表达感动和欣赏。伴侣做的任何一件事或做出的任何决定，哪怕是非常微不足道的只要对方的出发点是为了让这个家更好，就值得获得你的赞美。有时候，你的赞美可能只体现在一两句话上。但聚沙成塔，这些温暖瞬间终将改变婚姻的状态。一位拥有两个年幼孩子的职场妈妈说：“丈夫从不漠视我的存在。他看得到我，懂我的辛苦，明白我付出了多少。我的汗水是被尊重和认可的，这种感觉就是我的力量之源。”

最后，是你对自己情绪和感受的描述，即你和伴侣的沟通。极致的慷慨需要夫妻间的坦诚。我们可能还是会感到怨恼，还是避免不了对抗，但我们可以向对方表达自己的所感所想。在 80/20 模式或 50/50 模式中，隐藏自己的真实感受反而是“占优策略”，毕竟“敌明我暗”才是安全的站位方式。换个角度讲，如果对方藏着掖着，你又何苦毫无保留呢？不安全也就罢了，这还不公平呢！但极致的慷慨所追求的本就不是公平。我们要慷慨地给予对方自己最真实的情绪与感受，可以用心灵间的赤诚相待击退婚姻中的焦躁与怨气，成就情感世界里的笃定与互信。一位女性受访者会这样与伴侣沟通情绪和感受：“我们真的会对彼此说‘来，都把话说开吧！’，否则这些不快一定会扩散开去，影响其他方面。若有些话说不开，我就当不了一个好妈妈、好妻子，也当不了一个好老板，经营不好我的企业。”

尝试从上述 3 个角度去升级自己的思维方式，在每次做决定、开口沟通之前，不妨给自己几秒钟的思考时间，考虑极致的慷慨意味着怎么做、怎么看、怎么说。坚持下去，你和伴侣终有一天能把 80/20 模式或 50/50 模式的思维阴影彻底扫去。极致的慷慨定能成就一种全新的思维方式和前所未有的婚姻体验。

在此提醒大家注意，并不是所有的努力都能抵达目标，践行 80/80 模式也不例外。如前所述，我们可以用 80/80 模式约束自己的行为，但每个人的视野都有盲区，不一定能看到事情的全貌。大多数人可能并不清楚 80% 的努力到底是多少，往往是付出了一些，便夸大自己在婚姻中的付出，且低估伴侣为家庭和婚姻所做出的牺牲。

因此，你即使付出了 80% 的努力，结果也不一定能如你所愿，在婚姻之路上，不以成败论英雄。但凡你有心，甘愿为家庭付出 80% 的努力，这份笃定就足以让思维方式升级了。有了新的思考模式，你就会从等价交换的逻辑中抽身而出，用新的视角去看待那些原本会让你为之跳脚的人和事、情与景：你会觉得给伴侣连洗 3 次衣服、连做 3 天的晚饭也没什么好抱怨的了；开车时，坐在副驾驶座上的伴侣对你的换道技术再三吐槽，你也认为无所谓了，甚至还能找个别的由头夸夸他；当伴侣张罗一个家庭活动没能顾及你的意见时，你也不再藏着掖着自己的情绪和感受了，你会立刻告诉伴侣这种安排让人不舒服，希望对方能了解一下自己的感受……

你可能会忐忑，不知这种思维方式的转变到底可不可行，毕竟生活在折磨我们时，下手从来不留情，胆子太肥或步子太大换来的多半都是教训。那么，我们再来听听受访者麦克的故事。麦克的工作压力很大，同时，家里还有两个处在青春期的小孩。麦克要平衡家庭和事业，担子千斤重。他说："我忙，我太太也忙。更惨的是，两边的亲戚都把日子过成了一团乱麻，永远都有处理不完的麻烦和危机。朋友们的生活工作状态也差不多，三天两头便有人吵架、离婚。大家能不能有个正常样子啊！怎么就没完没了了呢？"

麦克在接受采访之前，特地拥抱并亲吻了妻子，并对她说:“谢谢亲爱的老婆，好心疼每天操劳的你，这个家多亏了有你！”其实，麦克夫妻俩的日子过得并不轻松，两个人时刻都在繁忙的日程和巨大的压力中匍匐挣扎。但麦克却说:“生活再苦再累也割不断我们夫妻之间的情感，那些甜蜜的瞬间能联结起我们的心，赐予我们力量，帮我们打败所有的困顿与疲累。”

给予别人极致的慷慨并不需要多么宏大的场景或精妙的铺垫，不是非得在休息日，或处于兴奋的状态，或在浪漫的环境里才能找到慷慨的感觉。慷慨是一种不挑时间和场合的思维方式，哪怕你的情绪被压力、事情、危机压得崩溃在即，你依然可以做到极致的慷慨。这种思维方式很玄妙，它的强大体现在境遇越是艰难，慷慨精神赐予的力量就越是强劲。

80/80 模式的 2 个思维陷阱

读到这里，你可能忍不住嘀咕:“极致的慷慨听起来还有点意思。我要是有个完美的伴侣，不，只要他能达到家庭情景剧里好爸爸好妈妈的水平就够了。那么，我们肯定能实现 80/80 模式。看看他现在的样子，我还是别费劲了！我一个人傻傻地付出，追求 80% 的极致的慷慨，等于让他坐享 80/20 模式下的婚姻。他当然觉得没问题，我可不干！”

我们并不是第一次听到这种抱怨了，并且发现抱怨的人多为女性。上述抱怨体现了 80/80 模式在实际运用中存在的 2 个思维陷阱。

吃亏恐惧症

追求 80% 的极致的慷慨似乎与当下的主流婚姻状态背道而驰。放眼望去，自己身边多为在 50/50 模式的婚姻中斗得不亦乐乎的夫妻。你忍不住会焦虑，甚至感到恐慌，追求 80% 的极致的慷慨，不知道这样的“叛逆”与“出格”到底行不行。不要怕，这是好现象——越“叛逆”、越“出格”，你就越超前、越正确。

挣脱习惯已久的 50/50 模式的“牢笼”，就是在精神世界里踏上了探险之旅。你会产生一种根植于当代文化的心理反应，我们称之为“吃亏恐惧症”。

当你向着 80% 的极致的慷慨进军，在跨越 50% 的红线之时，你的心情会波澜起伏，因为一些 50/50 模式中的念头就会产生：我若比他做得多，那就吃亏了啊！大多数人都扛不住这一刻，忍不住会抱怨：“我为什么要做这么多呢？他比我更厉害吗？他的时间更宝贵吗？他是有什么不得了的能耐，就比我重要吗？他比我更能说了算吗？”

这些情绪狂潮是在你跨越 50% 的红线时所必须面对的，你要做的就是保持头脑清醒，冷静地对待它们，你可能会向伴侣再次宣战，控诉对方是如何狡诈地逃避了责任，咆哮着诉说你又是多么地无私慷慨，还辅以一大堆周全的证据。但且慢，我们还是想建议你保持清醒和淡定，看看自己能不能在情绪风暴中心做出决定。

如果平复了自己的情绪，那么你就能继续给予伴侣极致的慷慨了，也就有机会看到一个焕然新生的婚姻世界。伴侣会被你感动、为你折服，会放下怨恨、卸下防备，一步步靠近你，直至与你重新连为一体。此时的你将亲身体验慷慨的魔力，明白为什么只有极致的慷慨才能引领夫妻找到极致的爱。

你要接纳吃亏恐惧症的存在，但不要被它打败。这不仅有利于你缔造一个更美好的婚姻，还将造福于生活的方方面面，让你变成一个更加温柔又坚韧的人。你不需要彻底摆脱吃亏恐惧症，无须逼自己与这些不良情绪和感受剥离，只要学会与它们共存，因为这样一个温柔又坚韧的你将无畏压力、坏情绪，以及与人沟通时的所有难关。你解开了松弛感的终极奥秘，从此不论前方如何风雨大作，你的心境与人生都将永远宁静从容。

“我怎么可能指望得上他?”

相比第一个陷阱，第二个陷阱是个更大的麻烦。很多人（男性、女性都有，但多为女性）对伴侣都有一种绝望，觉得对方不可能做得到极致的慷慨。他们往往这样描述自己的伴侣:“他彻底没救了……”“她绝对做不到的……”“他肯定觉得现在的状态就是最好的。我像个老妈子一样处处伺候着他，对他来说保持现状当然最舒坦喽！”

接下来，你一定还会问:“凭什么他就能平白无故地享受到我的极致的慷慨？他能给我等量的回报吗？”这些问题如果在你心头挥之不去，建议你立刻跳转读第 14 章。上述问题很棘手，它们可能会影响你的整个阅读过程，第 14 章用了整整一章的篇幅来专门解答。希望这一章的内容能帮你判断 80/80 模式是否适合你现在的家庭情况，并激励你去寻找合适的实践方法。

在此，我们也提供一个简略版的答案：要想突破 50/50 模式的桎梏，甩掉对公平的执念，总得有人先迈出第一步。两个人仿佛被困在天平的两端，僵持着却久久无法靠近。大家都在观望，在等着对方先往前走出一步。这些僵持、观望都没有意义，因为背后的逻辑还是“他才该主动一点，赶紧给我极致的慷慨。我本来就很慷慨，家中的哪件事不是我在操心？”或者，“一直张罗 80% 家务的人不就是我吗？我难道还没把自己的 80% 贡献给这段婚姻吗？我还能再慷慨些什么啊？”

应对这个僵局，你有两条思路可选。一种思路就是留在原地，纵容自己沉沦下去，任由心中的怒火与消极抵抗情绪随意肆虐，坚信伴侣已是“朽木不可雕”了。最后的结果当然不难猜：一切会跟着你沉沦下去，不要指望生活中会有任何改变或救赎。

另一种思路是勇敢地“吃第一口螃蟹”。你都不用告诉伴侣你在做什么样的新尝试，只要默默耕耘，静待花开就好，看看时间会给你带来什么样的答案。你可能已经在承担太多不公平的事情了，也在不停地提醒自己“这不公平”。所以，你一边在付出，一边也在积聚负能量。你委屈巴巴、怨气冲天、焦虑恐慌——很多事情一旦自己都懒得管了，那就绝对没人会来管，自己就是这个家仅存的支柱。其实，你可以继续做这些事情，只要在思维方式上再做一点改变就更好了。你只需要试着丢掉 50/50 模式下的“计算与比较”“不甘与不平”就好了。这场婚姻或许就能焕然一新了——你会激活伴侣心中那颗慷慨的种子，让对方如你一样开始相信并做到极致的慷慨。

你可以闭上眼睛幻想一下，若这一切真的实现了该是一幅怎样的景象。夫妻再也不追问彼此“你能为我做什么”，而是主动问对方“我能帮你什么”，这个世界得有多温柔，岁月得有多美好。读到此处，你想不想摆脱无谓的争吵？你想不想邂逅更好的自己？你想不想找回对伴侣的依恋与欣赏？总有人喜欢计算，那就不妨算一算这次的改变可能给未来的人生带来多大的收益吧！想通了这一点，我们就可以对极致的慷慨大胆一试了。

80/80 实操练习

换挡技巧

你说自己也要为伴侣做到极致的慷慨了，这就像你曾经也说过的“以后我要多喝水”一样，这是非常正确且很有意义的。你要解决的核心问题是具体该怎么做。在那些繁忙、混乱的清晨，你不得不赶紧冲出家门；在那些筋疲力尽的傍晚，你被一整天马拉松般的工作日程折磨得身心俱疲。你还能打起精神逼自己把情绪调到慷慨挡位吗？

我们不妨看看下面这两种转换技巧吧。

轻转换

轻转换方式相对来说更流畅和简单，适用于日常生活中的各个场景。你可以时常用它提醒自己改变思路，向极致的慷慨靠拢。

第一步：审视自己有没有陷入 80/20 模式或 50/50 模式。

第二步：告诉自己要转向 80/80 模式，或尽量做到极致的慷慨。

让我们慢慢养成这些心理习惯，聚沙成塔，逐渐靠近 80/80 模式。

硬转换

硬转换方式相对困难和复杂一些，但它适用于生活中那一个个让大家举步维艰或情绪崩溃的时刻。这种转换之所以很“硬”，就是因为你需要把自己从一个极端强行掰到另一个极端——从极度的愤恨到极致的慷慨。

- 第一步：审视自己有没有陷入 80/20 模式或 50/50 模式。
- 第二步：做三次深呼吸。
- 第三步：告诉自己要转向 80/80 模式，或尽量做到极致的慷慨。

两种转换方式的区别在于第二步。当被愤怒、焦躁或恐惧情绪攻陷时，你最需要的就是一段暂停的时间，也许几秒钟就好。如此，你才能缓冲和疏导这些崩塌的情绪，让自己过渡到极致慷慨的状态中。

我们已给心灵和情绪换好了挡，接下来就要看看如何才能把极致的慷慨落到实处了。

THE 80/80 MARRIAGE

第 5 章

贡献：该怎么做
别总想着“凭什么”，让抱怨毁了婚姻

下面这个故事发生在 1994 年，主人公名叫罗伯·伊斯雷尔（Rob Israel），是全球最大的爆米花特许经销商“爆米花博士”（Doc Pocorn）的创始人。伊斯雷尔遇到了一个大问题。这个问题与爆米花的制作或公司的运营没有关系，是一个情感问题。

伊斯雷尔和女友已交往 3 年，刚刚搬到一起住。他觉得两个人的同居生活并不如期待中的甜蜜。一天晚上，伊斯雷尔下班回到了家，当时家里没有人，他的心中“噌”地蹿起了一股无名火，然后一股失望的情绪在心中缓缓晕开。伊斯雷尔坐在沙发上心绪起伏，任由焦躁和怨恼吞噬自己。他心想：“这个时间了，女朋友为什么不在家？好好的一个家，怎么能乱成这个样子？她和我为什么疏离起来了？我们就不能更亲密些，不能多找点有趣的事情做吗？”

此时，伊斯雷尔的内心大戏渐入高潮。他准备好了一场掷地有声的控诉，

每句台词都铿锵有力。他下定决心，一定要在女朋友回到家后的第一秒钟就爆发给她看。但就在某瞬间，伊斯雷尔听到了一个神奇的声音。伊斯雷尔后来跟我们说那个声音堪称“心灵的召唤”。他感到心中有个声音提出了一个问题：“好，那你说说，你又为自己的女朋友做了些什么呢？”

伊斯雷尔呆坐半晌，脑子里如走马灯一般回顾了与女朋友相处的场景，心灵深处似乎有个柔软的地方被这个问题重重击了一拳。他百感交集，因为自己根本回答不了这个问题，想不起来最近一次主动花心思让女朋友感动、惊喜的事。原来“罪人”其实是自己，是自己在向女朋友贪得无厌地索取——要爱、要支持、要体贴，还要联结感，却甚少想过自己该为女朋友做点什么。

清醒后的伊斯雷尔迎着纽约的夜风走出了家门，他要去完成一个自己交代给自己的任务。他去了女朋友最喜欢的餐厅，买了女朋友最喜欢的餐食，要给她安排一顿浪漫的夜宵。奇迹发生了！就在他结完账，转身打算离开收银台时，女朋友推开了餐厅的门，走了进来。她看到了男朋友，也看到了他点的那些菜，每一道都是她喜欢吃的，便立刻明白了男朋友正在为她筹划一顿浪漫的夜宵。夜晚中的餐厅化作了一个春风化雨的小世界，一个“全世界我只要你”的大团圆。

这件事是他们爱情旅程中一个重要的“分水岭”，从此两个人的关系变得无比地紧密和亲密，彼此收获了浓烈的爱与依赖。伊斯雷尔说：“‘心灵的召唤’让我突然开窍了。但做善事，不问回报，才能得到最大的回报。”他甚至还创作了一句名言：做你所求，得你所愿。

伊斯雷尔的故事就是一个典型的极致的慷慨的故事，体现了 3 个核心要素中的第一个，即为对方做贡献。这个故事还告诉我们，极致的慷慨不一定意味着极致的夸张、仪式感或奢华感。你送给对方的不需要是一趟价值不菲的旅行，或是一张贵到能与音乐家互动的音乐会门票。其实，生活的细水长流中就藏着无限深情，一顿用心早餐或夜宵都可能唤醒彼此心里沉睡的爱恋。总之，慷慨的付出体现在你对事情的创意、态度与出发点里，而不是账单里。

为了什么而做

贡献包括两个方面的内容：做了什么？为了什么而做？它们都值得引起我们重视。它们决定了你的贡献到底是对伴侣进行的爱的表达，还是仅是双方下一场进行所谓公平之战时呈现出的论据。想清楚做了什么很容易，如可能是为伴侣做一顿晚饭，或写一张表达心意的卡片，或发一条表达柔情蜜意的信息。为了什么而做是探寻背后的出发点，要弄明白你做这些事情时的内驱力到底是什么。

有人可能会认为“做了什么”比“为了什么而做”更重要一些，最好能把事情做对、做到对方的心里去，因此具体做的事情至关重要。但“为了什么而做”是你做这一切的出发点，这会在更深的程度上影响夫妻两人的体验，能够定义这一次贡献的性质。

我们就拿跨越无数时代的经典家务活——洗碗来说明吧。在同样面对一水池子待洗的碗时，每个人的心态有所不同。总结下来，有 3 种截然不同的出发点。

第一种是 80/20 模式的出发点。你不得不洗这一水池子的碗，作为妻子，这是你肩头推不掉的家务职责。丈夫可以悠哉悠哉地看看电视、读读报纸，因为这不是他该干的活儿。当你没完没了地擦洗时，即便再无奈也只能忍住，或者根本不会感到无奈，你甚至会对自己说：“没办法！我只能做这些事儿，它们本来就是我该做的。”

第二种是 50/50 模式的出发点。你对着一水池子碗一顿清洗，但心里知道这不是自己就该干的事情。按理说，你和伴侣都得洗碗，大家要洗得一样多、做得一样好才行，这便是 50/50 模式的效果。你今天洗碗，只可能有两种原因：今天轮到自己洗碗了，或者伴侣食言了，未能按时完成洗碗任务。但不论是哪种原因，现在的你八成是手里握着块洗碗海绵，心里正烧着股熊熊的怨气："居然又让我洗碗！我都连洗了 3 天的碗了！""这不公平！每次轮到他做饭，他就能整出一大堆餐具要我洗，瞧瞧这一水池子的锅碗瓢盆，是我做饭时所用餐具数量的 3 倍了！""好了好了，反正明天就轮到他洗碗了。"

第三种是 80/80 模式下的出发点。你之所以今天愿意洗碗，只是因为你真的希望为他或为这个家做贡献。不论你的出发点是哪个版本，洗碗的流程和动作都是一模一样的。但明确为了什么而做却会带来高下立见的结果。在 80/80 模式下，洗碗的人不是在完成一项痛苦的职责，而是在实践 80/80 模式下的爱情法则。被洗得洁净的碗是你送给伴侣的一份礼物、一份体贴，且不带任何的附加条件，是无条件的爱。

然而，人不可能永远顶着甘地般无私奉献的觉悟，秉持着"我洗碗我光荣"精神去做每一件琐碎的杂事。你要时时提醒和修正自己的思维，每当又陷入 50/50 思维的沼泽地时，能及时把自己拽出来。你可以提醒自己把极致的慷慨捡回来，如"他今晚的状态看上去不太好，最近的压力是大了些。我要做点什么才能帮他一把呢？"再如，"我们是并肩作战的战友，今天我一个人完成洗碗任务，但帮到的可是两个人。"

思维方式上的调整有两大好处。第一个好处是你的转变是能感染伴侣的。待家务活被你默默地用极致的慷慨精神完成后，他也会被治愈。你的温柔和善良能牵一动百，如水面涟漪般层层扩散，直至唤醒全家人内心深处的温柔与慷慨。就如一位男性受访者所说："我们夫妻俩总是想还能为对方做点什么。"当每个人都为其他人着想时，慷慨就成了一种浪潮，会激发出这个家的所有正能量。

第二个好处是自己会有前所未有的充实感，体验和谐幸福的婚姻。你的伴侣或许不会立刻注意到地板已经被你擦得干干净净了，待付的电子账单已被你付清了，孩子们的玩伴也约好了……但没关系，你秉持着极致的慷慨精神做家务，自己会收获前所未有的充实感。此时的你不会一边做家务，一边委屈、抱怨。你做这一切的出发点只是因为你有想爱的人，有想照料的事。

THE 80/80 MARRIAGE

“为了什么而做”比“做了什么”有更大的影响力。你心里的想法重过手上的动作，你给予伴侣的不仅是一件件被踏踏实实、漂漂亮亮地完成的事，而是一种极致的慷慨。

做了什么

“为了什么而做”决定了每次贡献的性质，但具体做了什么同样重要。如果做什么事情都没有差别，我们便可以心血来潮地发挥了，如早上6点钟在门廊里做侧手翻，给家里的每扇门抛光，把门口车道上的石头刷成荧光芭比粉色……也许有人能被这些一言难尽的惊喜感动到落泪，不过，大部分人都招架不住。所以我们要好好想想自己做哪些事情才是真的在支持伴侣，能让对方感到愉快和满足。

我们可以在心里假想出一张惊喜攻略表，上面列着林林总总能让伴侣喜出望外的事情。跟着这张惊喜攻略表走，你就知道哪些事可做，哪些事可不做，以及哪些事千万别做。摸清伴侣的“口味”，吃透这张惊喜攻略表至关重要，千万不要做出“甲之蜜糖，乙之砒霜”的行为。

例如，亲吻对方额头，就有人喜欢，有人嫌。一对受访者夫妻觉得这是极致慷慨的表现。妻子喜欢被丈夫亲吻额头，被吻到的瞬间简直甜到发腻，全身都流淌着被爱的幸福、被支持的笃定感、被关怀的感动。另一位女性受访者则持相反意见，她认为亲吻额头是对她的不尊重，仿佛把她当成了一个晚辈、一个小孩。她说："我警告过丈夫，如果他胆敢亲我的额头，我就要对着他的肚子狠狠地砸上一拳。"

因此，我们真的需要去了解对方的喜好，把这张惊喜攻略表好好记在心里。要对正确的对象做正确的事才好，否则惊喜要变惊吓。就像一个吻，可能让人心花怒放，也可能让人厌恶。

我们要如何了解伴侣的喜好，形成这张惊喜攻略表呢？反过来讲，我的伴侣又该怎么在他心中为我形成一张惊喜攻略表呢？如果你完全没有思路，不妨先看看作家、婚姻治疗师盖瑞·查普曼（Gary Chapman）提出的"5 个基本领域"理论，里面罗列了为伴侣奉献极致的慷慨时比较容易着手的 5 个基本领域。下面，你可以一边阅读这 5 个基本领域，一边思考：这里面的哪些行为或许能拉近我和伴侣间的距离，哪些行为可能意义不大，甚至还有反作用。

- **语言表达：**通过语言对伴侣表达激励与欣赏，如一句口头上的赞美、一张写满了爱意的卡片、趴在伴侣耳边说一声"我爱你"、编写一条表达感谢的短信等。
- **专属陪伴：**两个人可以共度一段只有彼此的时光，如一次约会、家附近的一次散步、一次旅行，甚至只是简单地一起吃顿饭，但两个人都不许看手机。
- **赠送礼物：**伴侣间并不需要送多么稀奇或昂贵的礼物，用了多少心比用了多少钱更重要。一件能让伴侣感动的礼物可能是一束花、一盒巧克力、一幅画或一本书，甚至是在公园里捡到的一块有趣的石头。
- **分担事务：**做一些事情让伴侣卸下压力，感到被支持和关怀。例如，把车送去做保养、遛狗、叠好洗干净的衣服、开车送孩子们参加体育训练、清理了淋浴间下水口里阻塞的头发等。

- **亲密接触：** 主动走上前牵住对方的手，或不经意间亲吻对方，或在清晨给伴侣一个大大的拥抱，抑或偶尔揉揉伴侣的背。①

你或许可以对照着上面的 5 个基本领域，请伴侣坐下来，大家一起好好聊聊。你们需要把握对方的痛点与痒点，知道什么样的行为能让两个人感到更亲密。接下来，你们就可以在极致的慷慨思维方式的指引下（即清楚地知道自己"为了什么而做"），根据惊喜攻略表去有的放矢地选择贡献的内容（即为对方"做了什么"）。在本章开头处讲述的故事中，伊斯雷尔就是用这个思路给女朋友送上了一场惊喜。这个思路也能为你所用，每当你需要从 50/50 模式进化到 80/80 模式的思维方式时，就把它用起来吧。

80/90 助推法

如果一切顺利，两个人应该对实践 80/80 模式有着同样的信心与决心。不过很可惜，一切顺利是个小概率事件，大多数婚姻都是失衡的：一方背负着全家的责任与希望，成天愁的都是该怎么重新装修一下家里的房子，或去哪家保险公司给车续保；另一方只背负着自己一个人的欲望与理想，愁的是今晚该看哪个电视节目，品哪种茶叶。

你确实得思考一下如何面对这种失衡的能力与责任状况才好，如果一方做的事情确实远远多过了另一方该怎么办？毕竟很多夫妻都是如此。如前文所说，各种数据都证明了在婚姻中，妻子往往是较能任劳任怨的一方，丈夫常常是坐享其成的幸运儿。

① 关于查普曼对五种爱的语言的最初阐述，可参考他的著作《爱的五种语言》。

现状令人感伤和头疼，但这就是当下的社会现实，我们不能掩耳盗铃。这种失衡的状况就要求部分夫妻在实践 80/80 模式时做出更激进的改变了，我们称这种升级版的改变为 80/90 助推法。男尊女卑的文化阴影已在人世间盘旋数千年之久，至今仍影响着绝大多数人的婚姻。如果你的婚姻也存在这种问题，就可能要采用 80/90 助推法了，即一直以来付出较多的一方依然追求 80% 的极致的慷慨，另一方要把自己推得再狠一点，去追求 90% 的极致的慷慨。

这个助推法的本意不是要豁免任劳任怨的一方，让一方（大多数情况下是妻子）可以原地休息，他依然需要付出超过 50% 的努力，去追求 80% 的极致的慷慨。80/90 模式是为了给之前坐享其成的幸运儿的一个醒目的提示——需要努力到无能为力，才能靠近基本要求。

夫妻无论是实践 80/80 模式，还是采用 80/90 助推法，都要落到实处——让极致的慷慨触达生活的每个角落，贯穿夫妻间的每个决定。请看一些实操时可能用到的技能。

80/80 实操练习

每天为伴侣做一件体现极致的慷慨的事

本章所述内容希望能推动你向前迈出一大步，让你今后为伴侣和家庭奉献更多。在当下流行的文化语境里，这话听起来有点反直觉，但它真的让你们的婚姻未来熠熠生辉。你到底应该怎么转变，才能渐渐地把那些平平无奇的家务活与杂事都做出熠熠生辉的效果来呢？

我们不是要你动辄就给伴侣买一辆高端自行车，或带他去海岛度假一个星期。平常生活中你只要稍加用心，有很多事情都能传达你的温存与体贴，让你们的婚姻体验更上一层楼。

- 早起一点照料孩子，让伴侣睡个懒觉。
- 看到冰箱空了主动买菜。
- 安排一个惊喜的约会夜。
- 在伴侣枕头上悄悄放一封情书。
- 帮伴侣做一个 5 分钟的肩颈按摩。
- 支持伴侣参加老友聚会。
- 晚饭时，向伴侣致意或敬酒，感谢他对家中的奉献，或祝贺他在职场上取得的成就。

技巧：找准方向，做有效的奉献

我们不要忘了参考一下惊喜攻略表，确保为伴侣做的事是对方此刻真正需要的，或一直期待的。

拔高练习：低头做事不留名

做了好事希望得到他人的认可和赞美是非常正常的，毕竟求关注似乎是流淌在人类血液里的本能。所谓更进一步的慷慨，就是既极致又匿名的慷慨，是战胜了这种本能的慷慨。你不妨默默为对方做一些事，不让对方知道自己付出了多少，也不在乎对方有没有感谢自己。你可以做的事有很多，比如：

- 把冰箱重新塞满（趁伴侣不在家的时候买菜，且不提起这件事）。

- 安排一场浪漫的约会（不跟伴侣强调你为此花了多少心思，克服了多少困难）。
- 默默帮伴侣把车子加满油（不用告诉对方）。
- 任何你能想到的其他创意。

如前所述，如果伴侣为你送上这些小惊喜，你一定会收获满满的幸福感和亲密感，会消解心中的怨气与寂寞。同理可推，你为伴侣做这些事情时，对方的感受也是一样的。当两个人都做到极致又匿名的慷慨后，双方将彼此促进，提升慷慨水平。这关键的第一步能助夫妻摆脱冲突不断、狼烟四起的 50/50 模式，迈向朝气蓬勃、生机盎然的 80/80 模式。

THE
80/80
MARRIAGE

第 6 章

赞美：该怎么看
多夸夸对方，给一地鸡毛的生活加一些调味

某个星期四的晚上 8:30，埃米结束了和朋友们的晚餐聚会，回到了家。因为她太久未见朋友了，所以心情很不错。不过，当她进家门的瞬间，就被满地的狼藉，以及乱七八糟的待洗的餐盘搞得心烦意乱。不难想象，今晚丈夫麦克带着孩子们在客厅里应该玩得非常过瘾，沙发都被他们用毛毯搭成了巨型帐篷，厨房台面和水池里层层叠叠地堆满了油腻腻的比萨盒和待洗的碗碟餐盘，地板上随处可见孩子们的变装衣服。

埃米踉踉跄跄地跨过门厅地板上的玩具校车，心里的怒气开始翻涌。这算个什么日子啊？丈夫怎么能这么邋遢呢？他就不能有一点责任感吗？怨气一浪一浪地向埃米打过来，间或还夹杂着一小股嫉妒与不甘：凭什么他就能永远像个孩子，想怎么玩就怎么玩？我什么时候才能这么自由，跟孩子们疯狂一晚上，然后留个大烂摊子让他来收拾？

这些情绪必须找到出口，所以当她收拾完满屋子的狼藉，等到孩子们睡熟后，便忍不住向麦克咆哮起来："我只离开了 3 小时，你就把整个家搞得像垃圾场。这公平吗？"

某个星期天早上的 10:30，在这座城市的另一端，埃莉诺与朋友在附近的瑜伽教室结束了瑜伽课，回到了家。她也看到了那晚埃米看到的场景，整个家乱得一塌糊涂，展现在她眼前的也是沙发帐篷、油腻腻的脏盘子、四处散落的变装衣服……丈夫斯蒂夫和孩子们过了一个为所欲为且酣畅淋漓的早上，把家搞得连个下脚的地方都没有。

一如埃米的剧本，埃莉诺心中也顿时掀起了轩然大波。但就在此刻，埃莉诺的剧情有了不同的发展，她似乎在怒气的惊涛骇浪中还捕捉到了另外一种情绪——感激。她感激丈夫愿意在星期天的早上以一己之力搞定孩子们，否则她自己也不能去上瑜伽课。虽说家被翻了个底朝天，但埃莉诺却从中看到了丈夫的孩子王属性，感激他有能力让孩子们玩得如此尽兴。

埃莉诺调整了情绪，不一会儿便开心地对大家说："哇，你们这是搞了个大狂欢呀！咱们一起收拾收拾家吧！要不搞个收纳比赛，看谁收得又快又好？收拾好家，下午咱们就能去公园玩喽！"充实的一天结束了，夫妻俩躺在一起准备入睡时，埃莉诺对丈夫说："亲爱的，谢谢你给孩子们带去这么多的欢乐和刺激，"她还说道，"但如果下次你们能自己收拾好房间就更厉害了，能帮我个大忙！"

两位妻子都在回家时遭遇了同样"惨烈"的场景，但两个人的反应却大相径庭。埃米的鼻梁上似乎架着一副为 50/50 模式量身定制的眼镜，透过这副眼镜她看到的只有丈夫的无能与懒散——丈夫管不好他自己，更管不好孩子。埃莉诺也戴着一副眼镜，但这副眼镜符合 80/80 模式的技术标准，能给视线所及之处都加上一层名为"极致的慷慨"的特效。有了 80/80 眼镜的助力，埃莉诺看到的不再是满屋的狼藉，而是丈夫身上无与伦比的创意和活力，以及他带给孩子们的新奇玩法与趣味冒险。

这两副眼镜为什么能投射出如此泾渭分明的风景来呢？说到底还是因为两位妻子的思维方式不同。她们在透过不同的眼镜去观察这个世界，用不同的角度去捕捉并解读所获取的信息，结果就是丈夫们的言行没有明显差别，但她们解读的却是迥然不同的版本。

这就是思维方式的魔力。有一点是很多人还没注意到的：选择看什么在很大程度上决定了生活中有什么，心里能想什么，以及总体体验。有些解读只会持续让人从眼前的人、事、物中吸收到压力、怨气、失望；有些解读会给机会去发掘伴侣身上独特的长处、力量、创意、贡献。

这源自 80/80 模式的第二个核心要素：如何解读伴侣的行为。我们需要摆脱长久以来形成的思维惯性，不仅从“极致的慷慨”这一全新的角度来欣赏伴侣，更需要练习如何赞美他人。

赞美伴侣的科学依据

为什么改变一下看待事物的角度就能有如此之大的魔力呢？我们来看看婚姻研究领域的国际重量级学者、婚姻学家约翰·戈特曼（John Gottman）的发现。他和他的研究团队花了几十年的时间，创立并推进了一个叫作“爱情实验室”的研究项目，用科学的标准和方法去拆解和分析爱情这项虚幻缥缈的艺术。

在戈特曼的爱情实验室里，一对对普通夫妻成为研究团队观察和研究婚姻的实验对象。这些夫妻会讨论各种问题，尝试解决婚姻中的冲突，包括金钱、性、家务分配等。[①] 研究团队会给夫妻戴上一种特制的装备，以记录双方在讨论过程中发出的脑电波，看上去有点像在拍一个心理学主题的真人秀。这些研究方法取得了不错的效果，有助于研究团队解开一个困扰学界多年的问题：为什么有些夫妻相见恨晚，琴瑟和谐，唯愿生生世世携手与共？而有些夫妻就两看相厌，甚至剑拔弩张，在一起生活仿佛都是在遭受酷刑？简单而言，就是为什么有些夫妻能相爱，有些夫妻却只能相杀？[②]

专家们深入研究了 30 年，终于找到了答案。其实，前文中埃米和埃莉诺的故事对此有过提示了：幸福的夫妻看待事物时有不同于他人的视角。戈特曼说："相爱的夫妻会养成一种独特的思维习惯，即他们会时刻扫描周遭环境，提取出值得褒奖的细节来给予对方以赞美或表达感谢。这些人并不是天生自带圣人光环，随手就能播撒爱，他们是在刻意提醒自己去捕捉对方在生活中的闪光点。"[③]

THE 80/80 MARRIAGE | **幸福的夫妻都佩戴了 80/80 模式眼镜来看待婚姻中的大事小事，彻底掌握了赞美这项技能。**

戈特曼还根据婚姻赢家们的经验总结出了一个黄金比例——5∶1，即每收获或给予 5 份正面而积极的体验，就能有 1 个负面体验的"配额"，不可以超额。任何 1 次批评、冒犯或抱怨，都必须辅以 5 次赞美、亲吻或拥抱。有些夫妻甚至还能再进一步，把比例控制在 20∶1 的水平，堪称婚姻界的奥林匹克金牌选手。[④]

但那些恨不得决斗的夫妻就大不相同了。他们在对方身上找的不是闪光

① "Love Lab," Gottman Institute.

② Emily Esfahani Smith, "Masters of Love," *The Atlantic*, June 12, 2014.

③ Smith, "Masters of Love."

④ Kyle Benson, "The Magic Relationship Ratio, According to Science," Gottman Institute.

点，而是不足。他们在找错问题上不怕费时费力，生怕错过一个。但凡他们抓住了对方的一个把柄——回来时忘了顺便带牛奶，或者对什么事情有异议，就像是抢占了道德高地，可以随意向对方发起一通批评，或消极抵抗，抑或嘲笑挖苦。

戈特曼曾说自己有一种超能力，即可以精准预测一对夫妻的离婚概率，精确度高达90%。[①]其实，一对夫妻会不会离婚并不取决于双方在争吵什么事情，与夫妻生活的频率也没有关系，甚至经济状况也不重要。婚姻的定海神针是夫妻间的沟通氛围，它是无形的。夫妻要集中所有的注意力给予对方欣赏与爱，让两个人都走出纷争与对抗的泥沼，才能摆脱离婚的阴影。如果两个人始终停止不了批评、退缩、冷漠，那么等待他们的必然结果是离婚，或至死方休的痛苦折磨。

为什么我们恐惧赞美

为什么绝大多数的夫妻做不到说变就变，及时发现婚姻中所有的美好与惊喜？为什么绝大多数夫妻无时无刻不在因为某件小事抬杠或挑对方的刺？为什么大多数夫妻的脑回路似乎被设定在了“批评、责备”一挡，怎么也调不到“感激、欣赏”一挡？我们不是故意在给自己添堵。这些不成熟、不大气、不感恩，还真就在我们基因里流淌着。

最近，神经学家与进化心理学[②]家用了近30年的时间，才终于搞清楚了一件事：人类的大脑不喜欢注意愉快、安定或积极的事情，总倾向于寻找负面的、危险的事情。人天性就悲观，只知道提高警惕和过度焦虑。这是一种心理

① “Marriage and Couples,” Gottman Institute.

② 进化心理学是结合了心理学、生物学、社会科学的交叉学科，从自然选择和进化的角度研究人类各种心理机制的形成原因与发展方向。——译者注

上的怪癖，被称为“负面偏好”。[①]

这种适应性特质的产生原因其实不难被理解。远古时代，人类的祖先生活在大草原上，捕猎时能用的工具只有磨尖的石块和石斧。在那样的生存环境中，杯弓蛇影、风声鹤唳的人才是赢家，其生存概率远高过那些动辄就在欣赏和感激的人。如果丈夫想给妻子做一件兽皮衣，他的妻子当然会真诚地谢谢丈夫让她在寒冬里不再寒冷，显然这很重要。但他们首先需要做的是活下来，提高警惕、时刻保持紧张状态，及时发现周围的危险才是重中之重，否则就注意不到潜伏在灌木丛中的剑齿虎，或悄悄溜进他们山洞里的毒蛇。

当下的人们也有数不清的头疼事可以抱怨：时间永远都不够用，工作永远做不完，还要被别人上传到社交网络里的幸福时刻刺激得化身“柠檬精”……可见，人们摆脱不了焦虑的本能。哪怕不是生死攸关的时刻，人们在面对许多问题时还是会阵脚大乱、焦心劳思。例如，他怎么每次都不会把碗好好摆进洗碗机，乱塞根本洗不干净！又如星期三晚上大家一起看了非常好看的一档综艺节目，可他怎么还是摆出一副臭脸来？

这是当代人类才有的生存困境。一方面，文化、科技和婚姻制度进步之快堪称重新定义了历史，其先进性非过去几千年前的先祖们可以想象的。另一方面，大脑进化却未同步跟上，仿佛人们仍匍匐在大草原和山洞里，每天还要与环境斗智斗勇。

现在我们就知道了为什么用欣赏和感激的视角看待世界竟如此之难了。因为这种活法完全不符合我们神经系统的初始设定。长久以来，人类思维的默认状态是找毛病、抓问题，揪出所有的风险因素，让自己活下去。在本章开头的

---

① A.Vaish, T.Grossmann, and A.Woodward, “Not All Emotions Are Created Equal: The Negativity Bias in Social motional Development, ” *Psychological Bulletin* 134, no. 3 (2008): 383–403. For a more popular account of this phenomenon, see Rick Hanson, Buddha’s Brain (New York: New Harbinger, 2009).

故事里，埃米才会那么崩溃。客厅里的沙发帐篷“杀”不死任何人，即便它突然垮塌，危险值也几乎等于零。但埃米看到这些“危机”的一瞬间，依然如临大敌，分泌出大量应激激素，这伤害的不仅是婚姻，还有身体健康。因为许多疾病以及与压力相关的亚健康状态，如糖尿病、焦虑症、抑郁症、认知退化等都因它而起。①

进化心理学的研究发现，即使人们都清楚赞美他人的好处，都懂戈特曼的 5∶1 黄金比例学说真的能改善夫妻关系，身体也会不遗余力地拖拽着人们朝反方向走。

这是命里注定的一个劫。其实我们可以渡过这个劫。只要掌握了大脑的反应机制，就找到了症结所在，也就有可能对症下药了。分析这些本能与反应，我们就能看到正确的方向其实应该在哪里，怎么做才能构建积极、正面的思维方式，让婚姻中充满赞美和肯定。

赞美需要刻意练习

我们要做的是去对抗自己的生物学特性，因此不能寄希望于身体本身的反应，毕竟它天生在赞美和欣赏方面就不太主动。你必须引导内心，让它学会刻意地赞美别人。练习赞美是一种刻意练习，与学习其他技能、养成其他习惯一样。这类似于你使用牙线，或决定每个月都去附近的流浪者救护中心做一次志愿者，或每周去上 3 次早上 6 点的普拉提课。

就像我们之前练习主动贡献一样，现在我们练习赞美也是为了把这种行为固化成习惯，变成心灵的一种“肌肉记忆”。一旦我们养成了贡献和赞美这两

① Robert Sapolsky, *Why Zebras Don't Get Ulcers* (New York: Holt, 2004).

个习惯，就会发现它们俩是彼此呼应和促进的关系。一种经典的编曲技巧叫作“呼唤与回应”，其深受各种流派的青睐。古典、布鲁斯、爵士和流行等不同风格的曲子都常用到它。例如，披头士乐队的歌曲《朋友们的一臂之力》中就有一个片段体现着呼唤与回应的技巧。大家先一起合唱：“你有没有特别需要的人？”这是呼唤，然后乐队某个成员唱道：“我只想要一个可以去爱的人。”这就是回应。

与上面例子相对应，幸福的夫妻也在用同样的技巧进行沟通。婚姻中的“呼唤”指一方在晚餐时主动赞美了另一方，或在床头柜上为另一方留下一张表达爱意的卡片，或为一方发去了一条甜蜜的信息。这些都是在极致的慷慨精神的指引下做出的贡献，并不需要对方付出等价的回报。当然，主动做这些事的一方也期待着对方的某种应和，很像歌曲里负责呼唤的句子在等待一个回应的句子。

它等待的回应的句子就是对方的赞美和感激。现实生活中的呼唤与回应就是把日子过成歌的技巧。当伴侣铺好了床、照顾了生病的孩子，或做了任何不一般的奉献时，你能给的回应就是看在眼里并认可这一切。你需要让伴侣知道：“我看到了你做的一切，明白你是多么慷慨，知道你做出了多少努力，感激你给的所有关怀与温存。”

THE 80/80 MARRIAGE

若婚姻中只有一方一味地付出，另一方始终没有表达赞美，就像音乐里只有呼唤，却没有回应。

一位男性受访者说：“暑假快到了，孩子们想参加的各种夏令营都在渐渐进入满员的状态。过去的两周，我一直在网上给孩子们做夏令营的筛选和报名工作。我也一直在苦等妻子的一句‘谢谢’。这句话很简单，但我就是好想听到它。”这位丈夫的努力就是一句没有回应的呼唤，是一通没被看见和感激的贡献。

贡献与赞美应该是前后衔接、相互呼应的。当两者化作人们的生活日常后，它们将彼此促进，打造一种全新的联结感和亲密感、一种前所未有的极致的慷慨、一个80/80模式的思维方式。

你或许会下定决心以后要时常去发掘并赞美伴侣的贡献了，但等你真的开始实践后就会遇到一个大难题：你容易忘了这个决定。生活实在是太苦、太忙、太不可控了，有些场景真的让人欲哭无泪：孩子在汽车后座吐得死去活来；学校要放假，你请好了临时育儿师，但她却在前一天晚上跟你说自己要去参加一个远足旅行，不能帮你看孩子了；家中的地下室潮气逼人，最近又长了很多块莫名其妙的霉菌，你甚至都不知道这次的霉菌是什么品种……当你被生活追得狼狈不堪时，哪还有工夫顾及什么慷慨和赞美？

夫妻可以设定一个规律性的“警铃”，它其实更像一个情感闹钟，会一次次地提醒夫妻养成赞美对方的习惯。它一响，夫妻就必须振作起来，把其他事情先放在一边，给对方献上赞美之情。一对受访者夫妻把晚饭时间设定为警铃响起的时间，他们将一起吃的每顿晚饭都看成是一个向彼此传达欣赏和谢意的机会。此外，我们也建议大家把睡前的时间利用起来，趁睡意尚未袭来，彼此并肩躺在温暖的床上时，给这一天的相处进行复盘。

花时间养成这个习惯真的有那么大的意义吗？当然有。因为已经有很多对夫妻向我们表示，赞美习惯的养成给他们带来了丰盛的收获。绍拉布和安佳妮夫妻就是其中的受益者。绍拉布说：“我以前总认为当一段婚姻真的强大起来，两个人足够亲密时，彼此间是不需要说‘谢谢’的。但现在的我想明白了，当我为对方做了一件大事时，真的很想听到她说一声‘谢谢’。人都好面子，是希望自己的付出能得到欣赏和赞美的。我需要对方的那份认可，因为它很重要。”

妻子阿佳妮非常同意丈夫绍拉布的观点。她说道：“我做的每件事情，丈夫都能看得到或感受得到，他也知道我有多拼多努力。丈夫的尊重与关注给了我极大的力量。虽然我们在婚姻中会遇到很多困难，但只要他看得到且欣赏我的付出，我就觉得我们俩的心又贴在一起了。”

随着采访量的增加，我们发现了一个有意思的现象。夫妻心中有一家情感银行，情感的余额由赞美和批评的量来决定，赞美相当于存款，而批评是取现。你赞美伴侣安排了一次旅行——你是在向情感银行里存款；你在全家面前夸奖伴侣做的豪华大餐——你让情感银行里的情感余额又涨了不少。你抱怨伴侣吃饭时吧唧嘴或举止不文雅——你是在从情感银行里取出小额情感现金；你建议伴侣要多去健身房，把肚子上的赘肉减一减——你又取了一笔情感现金；你和朋友一起吃晚饭时嘲笑伴侣笨，说伴侣智商低——你基本上清空了情感银行的账户。

一进一出，一升一降，赞美和批评分别从两个方向影响着你们的情感值。如果你们从早到晚都在向对方投掷批评、冷漠、蔑视，那么你们迟早要在情感世界里破产。不论你们在现实生活中存有多少钱，只要你们在婚姻中时刻看到对方的优点，及时表达夸奖和谢意，那么你们在情感世界里就会富甲一方。随着情感账户余额的增加，你们抵御情感危机的能力也会变强。当你们遇到一些棘手的情况，甚至陷入绝境时，情感账户中的余额就能给你们足够的缓冲和支撑。这就是赞美的力量。

你可以每天做一次贡献，逐渐养成极致的慷慨的习惯。同理可推，你也可以每天给予对方一次夸奖，养成赞美的习惯，以及时回应对方的奉献。

80/80 实操练习

每日赞美一次

下面的练习可以帮助夫妻把赞美落到实处，在生活中及时回应对方的付出。

标准不用定得太高，伴侣不需要得个诺贝尔奖才能换来你的一句夸奖。即便是琐碎、无聊，甚至无形的事情，只要伴侣用心去做了，就值得你的欣赏与赞美。比如：

- 送孩子们上学。
- 帮你泡咖啡。
- 擦干净厨房台面。
- 为下次旅行做攻略。
- 主动策划一个浪漫的夜间约会。
- 与好朋友们约定时间，安排一次聚餐。

技巧：赞美要真诚且个性化

赞美别人时不要夸得勉为其难，或太过程式化，或一本正经。你可以搞笑、搞怪、出其不意，总之用你觉得开心和舒服的方式传达你的谢意就好。有些人可能只是一句简单的"谢谢你泡的咖啡"，有些人可能要正式甚至肉麻些："你端过来的不是一杯咖啡，而是你对我的关心和关怀。"还有一些人可能喜欢更夸张的表达："不是吧，我的天！老公，你太帅了！清晨 6:30 的咖啡，能让我开心一整天啊！"百变不离其宗，这都是在为伴侣的贡献而欢呼，在肯定伴侣做的事。

拔高练习：向伴侣要赞美

有时候，你会感到失落，在心里默默叹气，因为自己付出了很多心血，但伴侣却看不到。你花时间和精力策划了一个大型家庭聚会，但伴侣却对此毫无感知和表现（至少在你认为如此）。那么，建议你采取下面的做法。

你肯定觉得不可思议："开什么玩笑？赞美也是能要的吗？我可不能开这个口！"再合拍的伴侣，也不可能毫无疏漏地看得到对方所做的全部事情，更莫说健忘的人。不论你想从婚姻中要什么，包括伴侣的一个赞美，都无须背负太大的负担，表达诉求是太平常不过的一件事了。要赞美时，你不用很正式，把氛围弄得很僵，只要自然地表达自己的真实想法就好。例如，"这次的旅行可是花了我不少时间来准备，我想你夸夸我做得不错。"或者"我知道我们都在完成自己的任务，但我今天打扫厨房特别用心，它占用了我好长时间。你可不可以点评一下我的劳动成果，或者表扬一下我呀？"

THE 80/80 MARRIAGE

第 7 章

坦诚：该怎么说
有话直说，别藏着掖着，小心婚姻中的“温水效应”

马克和吉尔在结婚前就已经是婚姻专家了，两个人的头脑里都储备着丰富的婚姻知识与理论。马克在一家大型教堂里担任家庭生活牧师，已经工作了二十年。在吉尔的支持下，马克事业做得非常成功，帮助了许多对夫妻。他们中有新婚燕尔的，也有差点离婚的。马克和吉尔还开创了“幸福婚姻基础课”，用于帮助需要他们帮助的夫妻。

两个人对自己宣教的理论也是身体力行。吉尔说：“从表面上看，我们是一对极其和谐的夫妻。我们会在晚上约会，还会结伴外出旅行，享受二人世界。我们知道如何向对方表达爱与亲密，也时刻都在用行动去表达。”

因此，在吉尔发现马克出轨的那一瞬间，她心里只余一场剧痛和一片迷茫。那是一个晚上，马克已经在床上睡着了。他手里的手机突然亮起了屏，上面跳出了一条信息，印证了吉尔最大的担忧：马克背叛了她。

他们的婚姻生活顿时掀起了惊涛骇浪。过了几个星期，马克搬出了两个人共建的家，铁了心地要与那晚给他发信息的女子生活在一起。吉尔在接下来的几个月中默默舔舐心中蚀骨的伤。

但最后两个人还是决定复合，并花了几年的时间做自我反省和婚姻咨询。他们很想找到马克为什么会出轨的答案，但结果却一无所获。失业、亲友的不幸身故、确诊重大疾病等均有可能成为婚姻破裂的原因。但马克和吉尔完全没有遇到过这些情况，马克的这场背叛来得莫名其妙。

两年过去了，夫妻俩一直在仔仔细细地复盘着马克出轨前的心理变化，没放过任何一个细节，但似乎没有哪个孤立的事件是马克犯错的导火索。是的，错因并不是某个孤立的事件。最终，他们发现家庭中许多微不足道的小事，总能把两个人朝分离的方向拽。总之，爱情世界的“小咳嗽”终于发展成了“癌症”。吉尔表示：“现在回过头去看马克出轨之前我们的婚姻生活，其实没有哪些事算得上是他出轨的原因，看似不值一提、无关紧要的小事累加在一起，然后在我们的不知不觉中，由量变引起了质变。”[①]

马克告诉我们：“通过这些痛苦的挣扎，我们发现了一个道理，叫‘温水效应’。仿佛生活中有一盆盆温水在缓慢释放能量，持续给矛盾升温，疏远夫妻间的关系，侵蚀婚姻的地基。”“温水效应”是由马克和吉尔发现的，特指夫妻间积累了几年，甚至几十年的小矛盾与小摩擦带来的伤害。这个发现让他们绝处逢生，将自己婚姻中的“温水效应”一扫而光，他们也因此获得灵感，出版了《没有哪段婚姻是完美的》(*No More Perfect Marriage*)[②]一书，向全世界分享他们的婚姻故事。

---

① Mark Savage and Jill Savage, *No More Perfect Marriages:10-Day Blog Series*.

② Mark Savage and Jill Savage, *No More Perfect Marriages* (New York: Moody, 2017).

马克和吉尔用亲身经历告诉我们，任何一个矛盾或摩擦看上去都无伤大雅，都不至于立刻毁掉一段婚姻，或给两个人带来无法治愈的伤害，但当这些恶性影响逐渐累积后，对婚姻的伤害就不可逆了。吉尔认为："每次伤害都会把两个人在一起的心掰开一点，但力度不会太大，掰开的距离还不到 1 厘米。怕就怕积少成多，单次的距离虽然很短，可一次次叠加起来就可能突破 1 分米、1 米，直至数千米之远。"

坦承感受，不论它是好还是坏

看了马克和吉尔的故事，我们知道婚姻这场修行多半难得完满。这个道理好像是老生常谈，却常常被人们忽略。你翻翻看其他情侣在社交媒体上发的有关婚姻的帖子，无一不是甜得发腻，幸福得令人叹为观止，于是你很难再想起"婚姻难求完满"之类的陈词滥调。相反，你还可能走向另一个极端：认为全世界的情侣都在享受顺风顺水的爱情，他们的婚姻生活中要么是结婚周年庆，要么就是奢华的旅游，要么是充满惊喜的约会。

再来看现实情景。你可能会在餐厅看到一对无比耀眼的夫妻款款而来，男的帅，女的美，两个人身上都散发着成功的气息。你只能从他们的气场中读出登顶的喜悦感，却绝对想不到，就在十分钟前，这两人还在来程的出租车里大吵了一架，更不知道他们在过去几年间接受了多少次婚姻咨询，以挽救这场濒临溃败几近离婚的婚姻。你看到的只是他们表面的巧笑盼兮与郎情妾意，看到的是一座富丽堂皇但其实只是金玉其外的婚姻大厦。

在 80/80 模式下，婚姻依然有可能走入这个陷阱，变得表里不一、名不副实。极致的慷慨听起来像个情感伊甸园，在这里每个人都会为对方奉献 80% 的心力与精力，并全心全意地夸奖和赞美对方。但伊甸园从来没有存在过，将来也不可能出现。一对夫妻就算用 80/80 模式的思维方式武装自己，也还是会跌进一个个“大坑”里。他们依然可能指着对方鼻子破口大骂，依然可能在一番付出后得不到对方的赞美就感到委屈怨恼，依然可能经历 80/20 模式中的顺从与操控，以及 50/50 模式中的公平之战。

当夫妻陷入这些困境时，常规的操作方法可能取得的效果平平。你再努力地奉献更多，或倾力赞美对方以拉拢两颗渐行渐远的心，常常都是徒劳了。此时的你需要坦诚以待，大胆承认你们之间出现了问题。你甚至可以直接告诉对方，你感到很痛苦、失望或挫败。一位女性受访者说：“当我们认为处理有些事情的方式失衡，或者两个人的相处状态不对劲时，双方好好沟通就很有助于解决内心深处的沮丧问题。”

这个动作其实就是完成了给予极致慷慨的最后一步。试想一下，如果双方的“召唤与回应”，即贡献与赞美并没有效果，甚至处处“跑调”，就肯定已经出问题了，此时，双方需要做深入的沟通了。双方沟通就是在练习坦诚。一方要向对方给予的极致的慷慨是一种极致的坦诚，坦承那些可能看上去微不足道的恐慌、伤痕与失望。

跟前文中提到的贡献与赞美一样，练习坦诚也需要你不断突破自己的极限。但这次要突破的是心理上的极限，而非行为上的。你要逼自己敞开心扉向前一步，勇敢地走出舒适区，毫不保留地跟伴侣分享自己的感受，不论它是好的还是坏的。

坦诚并不容易，但能化解掉婚姻中大量不必要的矛盾。当你不小心祸从口出时，如果你愿意花 10 秒时间亡羊补牢地补上一句“亲爱的，对不起！我真不该那么说”，你就做到了坦诚。你也可以真诚地表达自己的诉求，如“我好希望你能按时下班回家，和全家人一起吃晚饭”。这依然是一种坦诚。再或者你还可以直接指出问题和解决方法，如“我知道这有点斤斤计较了，但我不想再看到你把喝过水的杯子随意留在浴室的洗手池上了，下次请你收拾一下，好吗？”这也是一种坦诚。

幸福的夫妻们都会及时而坦诚地沟通这些琐事带来的负面感受，快速解决问题，让婚姻回归和谐与宁静。过得磕磕绊绊的夫妻们则有相反的沟通策略。盖伊·亨德里克斯（Gay Hendricks）与凯瑟琳·亨德里克斯（Kathlyn Hendricks）称这些看上去微不足道的负面感受为“微小的真相”。很多人从不沟通或纾解这些“微小的真相”，而让它们在阴暗面默默发酵，任由时间流逝，一周又一周、一月又一月、一年又一年，甚至几十年之久。[①] 我们已经看到过太多的例子，因为不理睬这些问题，假以时日，两颗心之间的距离必然被缓慢但持续地扯开得越来越远。

不论在哪个时代，及时的沟通对于婚姻来说都是至关重要的。但正如社会学家、婚姻研究专家丹尼尔·L. 卡尔森（Daniel L. Carlson）所说，当婚姻从 80/20 模式转向一种更为公平的模式时，夫妻之间的沟通变得尤其重要。他指出：

> 在公平的婚姻关系中，一切都没有既定的方案，所以夫妻双方必须保持沟通。如果你不能时常与伴侣一起沟通、组织、安排各种事务，那么你的伴侣就可能忘记自己的职责，于是你会觉得有所不公。但是这份不公也正源自你的不开口、不沟通。

卡尔森最新的研究成果表明，沟通是婚姻走向公平的必经之路，也是让双方彼此分担责任、各尽其责的关键手段。特别是对男性来说，良好的沟通能激发出他们更多的热情来分担家务，回报他们的便是更和谐美好的婚姻，甚至还有夫妻生活。[②]

---

① Gay Hendricks and Kathlyn Hendricks, *Conscious Loving* (New York: Bantam, 1992), 115.

② 若要了解卡尔森关于沟通与分担家务之间联系的研究，请看 Daniel L. Carlson, “Division of Domestic Labor, Communication, and Couples’ Relationship Satisfaction” (working paper, University of Utah, Salt Lake City, 2020). 若要了解他关于公平与性满意度之间相关性的研究，请看 Daniel L. Carlson, Sarah Hanson, and Andrea Fitzroy, “The Division of Child Care, Sexual Intimacy, and Relationship Quality in Couples, ” *Gender and Society* 30, no.3 (2016): 442–446。

坦诚相待前，别忘了评估矛盾等级

练习坦诚和过夫妻生活有一个共同点：都需要两个人给予彼此惊天动地的情绪能量。但凡夫妻掌握了要领，把这两件事情做到了位，那么这两件事情都能赐予这对夫妻绝顶的爱与联结感。如果做这两件事情迟迟不得其道，那么可能会起反作用，让本应相爱的夫妻相看两生厌、渐行渐远，同时各自背负一身的酸楚、伤痕与怨气。

THE 80/80 MARRIAGE

坦诚之所以会激发出惊天动地的能量，是因为需要人们呈现自己关于婚姻的最敏感、最私密的感受，如失望、愤怒、哀伤等。

因此可能出现这样的问题：夫妻彼此间坦诚相待时，但凡某个环节出了错，夫妻双方就可能产生更加严重的创伤。夫妻双方的情绪逐渐失控，以至于非但没有解决之前的问题，还会让艰难的局面进一步恶化。

在沟通之前，请一定要先问问自己："这个问题有多严重呢？在情绪世界里，它是一阵轻风，还是一场暴虐的飓风？"请不要跳过这一步，否则将难找到适宜的分寸和角度去进行接下来的坦诚相待。有些问题很好着手，一个简单的"描述情况 + 提需求"策略就能解决；有些问题非常棘手，很难以一己之力拿下它。婚姻中很轻微的、不致命的小问题，就像路上浅浅的小水洼；严重的大问题，就像路上深深的大坑。

浅洼级问题

情感世界里的浅洼是那些杀伤力不高的摩擦，让人头疼，但尚可修正化解。这其实也就是马克和吉尔说的"温水效应"，不见得多么伤筋动骨，甚少涉及家庭价值观的核心，如育儿观、性观念、投资与理财观等。有些琐碎又频繁的争吵并不涉及本质问题，如一方精心策划了一次旅行，但另一方根本不领情；一方觉得该和这帮朋友约着玩，另一方却觉得要与那帮朋友玩；明明想让对方做件事，但一番欲言又止后还是没说出口……这些小情绪与小对抗都是情感世界里的浅洼。

浅洼多了也会让人生厌，但只要两个人坦诚相待，就解决了大多数的问题。例如，纠结到底该把孩子送到哪所幼儿园，但双方的意见始终得不到统一。没关系，这个问题在孩子开学时便自然不复存在了。再如，双方都不想去把厨房地板拖干净，但厨房地板又真的该拖了。这个问题也好解决。双方共同设计一个厨房拖地值日表，明确规定好哪天该由谁拖地，或者找保洁上门。

即便我们不能把一些浅洼级问题一次解决掉，也可以控制住发展局面。例如，如果伴侣总在孩子们晚上休息后继续加班到深夜，你觉得很孤独。那么，你可以告诉伴侣你觉得很孤独。再如，如果之前你被伴侣拒绝了太多次，以至于你已经不想再主动向伴侣发起性邀请了，那么就跟伴侣实话实说，这也是一个可以改善的问题。

总结归纳，解决浅洼级问题的底层逻辑：如果双方有意愿在问题刚出现时就坦诚沟通，这个意愿是必须的且非常强烈的，那么婚姻生活中的各种小问题就都不是问题了；解决它们的速度要不就是一次彻底搞定，要不就是先稳住局面再循序渐进击破；双方不可因此心生嫌隙，这一点尤为重要。

我们提出的“描述事实 + 提需求”方法，供大家在解决浅洼级问题时参考。希望这个方法有助于你们交流想法和内心感受，重新链接两颗本就应该紧密相连的心。

80/80 实操练习

描述事实 + 提需求

我们有个简单高效的冲突解决技巧推荐给大家参考。万一遇到问题，不妨一试。我们称这个方法为“描述事实 + 提需求”，具体步骤如下：

第 1 步：及时发现你和伴侣之间的感知可能不对称

下面是常见的一些信号，它们在提醒你要注意这些问题了。

- 你对伴侣产生了怨恼情绪。
- 你觉得不公平。
- 你在心里一遍遍“复盘”着伴侣曾经带给你的伤害。
- 你会因为一件很小的事情跟伴侣大吵。
- 你把一些不可抗力因素带来的烦恼通通怪罪到伴侣身上，如度假中遇到下雨天气。

能意识到这些瞬间就是一个有里程碑意义的大成就了。抓得到问题，你才有机会思考解决方案，才能做出选择——要么假装没看到问题（但不推荐这种做法），要么坦诚相待，有效沟通，双方回到最初的默契与信任中（显然，这是个更好的选择）。

第 2 步：描述事实 + 提需求

这一步你需要让对方知道发生了什么事，以及你有什么需求。

描述事实，向对方坦诚地描述你内心的感受：

- 我当时很伤心，因为……
- 我的确是生气了，当时……
- 那件事情真的很伤人……
- 我的努力没有得到认可，我……

你就是需要让对方知道你的这些情绪，正是这些情绪在让你感到很孤独、无助、难过。然后提需求，告诉伴侣具体需要怎么做，才能帮助你从上面的情绪中脱离出来。

- 我希望下周你能做到准时到场。
- 你要说到做到，这一点特别重要。你以后再说有什么事情已经被你处理好了，那么就必须是真的已经被处理好了。
- 请不要再那么叫我了，换个称呼吧。

描述事实 + 提需求。把“描述事实”和“提需求”合在一起，就如下面这样了：

- 我做完了本年度的家庭报税申请，但你都没有跟我说声“谢谢”，我挺难受的（描述事实）。我以后要是再帮咱俩完成了一个“大工程”，请对我表达一下感谢好吗（提需求）？
- 我知道你只是在开玩笑，但你的玩笑伤到我了。那天晚上吃饭时，你当着家人们的面叫我“蠢货”（描述事实），以后再也不要那样说我了（提需求）。
- 每次过完夫妻生活，你都立刻转过身，离我那么远（描述事实）。我希望以后睡觉前的那段时间里你能抱住我，哪怕几分钟就好（提需求）。

技巧 1：散步时双方坦诚会事半功倍

一位女性受访者说："我们之间那些最有创见性又体贴周到的对话都发生在我们一起散步的时候。"哈佛大学进化生物学家克里斯汀·韦伯（Christine Webb）的研究揭示了这背后的玄妙。她致力于研究冲突的解决方法，其研究成果表明：处于激烈争论中的两个人，只要一起散步，就能降低对抗性，还能提升配合度、共情力，以及创造性思维。[①] 当再遇到沟通难题，你不知怎么开口时，就邀请伴侣一起出门散步吧。

技巧 2：确保描述事实的出发点是极致的慷慨精神

你是为了什么在描述这个情况以及提这个需求，将决定沟通的效果和伴侣的反应。发泄怒火会招来更大的怒火，投掷怨气会反弹回来更大的怨气。极致的慷慨也是同理，但它回报给你的是爱、联结感与体贴。你要梳理自己的情绪，确保自己描述事实的出发点是极致的慷慨精神。只有如此，你描述的事实和提出的需求才是有建设意义的。

你描述清楚了事实，也提了合理的需求，下一步就是等待伴侣的回应了。伴侣可能有两种反应：一种能彻底解决这个浅洼级问题；一种是火上浇油，让

① Christine Webb, Maya Rossignac-Milon, and E.Tory Higgins, "Stepping Forward Together:Could Walking Facilitate Interpersonal Conflict Resolution?" *American Psychologist* 72, No.4 (2017): 374–375.

本就不乐观的局面变得愈发严峻。

前一种反应源自极致的慷慨精神，是要理解和接纳伴侣的感受。它听起来可能是这样的："天哪！我完全理解你，你当时肯定伤心极了。"今天是你听到伴侣描述了一个情况，并向你提出了一个需求，那么你就要拿出自己全部的体贴与真诚去回应他："好的，我保证下次会做得更好！"有时候，你也必须实话实说："亲爱的，对不起，我真的很想改，但我现在还没办法给你一个保证。"

后一种火上浇油的反应是在被恐惧、愤怒或挫败感中牵着鼻子走。它听起来是这样的："你疯了吗？要说咱俩之间有个人该发通脾气，那也该是我！"这种回应可谓有百害而无一利：首先，它根本不是在缓和矛盾；其次，它发起了一轮新的攻击；再次，它在向伴侣发出一个信号，即坦诚是有风险的——以后还是把自己的真实感受隐藏起来为妙。

深坑级问题

在解决了低杀伤力的浅洼级问题后，再来看看深坑级问题。有些问题让人一旦跌落其中就痛不欲生，且难得救赎。我们称这些问题为深坑级问题。这种问题往往会在四季更替中积攒出巨大的势能，一旦坠落或被刺破，就会引爆出毁灭级的愤怒、躁郁、恐惧，以及一系列压力激素。婚姻中的深坑级问题与你在开车时遇到深坑一样凶险，同样的越是努力往外拔自己，就越是拔不出自己，只能越陷越深。

浅洼级问题多半不会伤及婚姻的筋骨，夫妻通过有效的对话与坦诚的描述就能把它们解决得干净利落，或至少遏制住其发展趋势。但深坑级问题潜伏至深，且在成因复杂，不借助外力的情况下，人们很难自行纾解。你还得注意一点，有些深坑级问题在一开始只是一个浅洼级问题，但因为没有人关注和解决，它便随着时光的流逝而逐渐发展，最后成了一个丑陋又凶险的深坑级问题。

从程度上看，浅洼级问题和深坑级问题之间并没有一条泾渭分明的界限。很多婚姻问题其实是介于两者之间的，发作时多能激起排山倒海般的愤怒，却大多一战而竭，不会留下后遗症，也不至于进化为深坑级问题。因此对于这些问题，夫妻只需找到方法对症下药就好。

还有些夫妻的做法值得一提，因为他们实在是太幸运了，婚后遇到的问题全是浅洼级别，或可釜底抽薪，或可徐徐治之。他们之间没有任何危机算得上摧枯拉朽，或能动摇到情感的根基。

深坑级问题出现在婚姻中，它可能有很多副“面孔”。有时它可能让一位丈夫失去了自我判断和理想。这位丈夫对家中所有事情从不说不，孩子的教育、家庭大事的决定、职业发展等，都听从妻子的决定，偶尔会发表意见，但就是走个过场而已。突然某天丈夫回首望去，发现自己在婚姻中扮演的从来都只是被妻子拽着往前跑的角色——跟随者，于是他的心中怨气丛生，埋怨妻子的霸道与独断。

有时它会出现在有成瘾问题的夫妻之间。例如，一方永远也戒不掉酒精，总是一次次地下决心戒断，又一次次地沉沦其中。另一方一直在扮演救赎者的角色，苦苦寻觅着良方，希望终结这场噩梦，帮助伴侣从中抽身。

有时它以忠诚问题的身份登场。夫妻中的一方出过轨，而另一方对此耿耿于怀。两个人都在煎熬，不知该不该再继续维持这段婚姻，也不知该怎么做才能继续走下去；更不知道若继续坚持这段婚姻，两个人之间还剩多少信任。

有时它看上去就像一个公平问题。夫妻俩都同意婚姻关系必须以平等为基础，双方的责任与权利都要平均分配。实际上，一方总是自由自在地为所欲为——与朋友的旅行说走便走，午觉想睡多久就睡多久，看起视频毫无时间观念，游戏想打就打；另一方简直是家庭中的苦力，要操心所有家务，安排一切事情，每分每秒都处在极大的委屈与怨恼中。

坦诚是解决浅洼级问题的好办法，但遇到深坑级问题时，它起的就是反作用了。如果不幸遇到了深坑级问题，请最好向第三方求助。第三方可以是婚姻治疗师或其他对婚姻有研究的人。找到合适的第三方很关键，需要完全跳出夫妻的关系之外，去找一个人来助力。因为旁观者才能有更宽广的视野，才能带来新的灵感和动力，推动婚姻回归正轨。

不论面对的是浅洼级问题还是深坑级问题，你都可以自己先行一步去做一件事：花时间让自己变强大。你可以开始训练自己的情绪稳定性，给心灵做健身训练，如练习正念冥想、反思自己的观点、深入了解自己的性格特征，或者提高自己的情绪智力[①]。误解和冲突总能让人暴怒或惶恐，而这些训练能让你在汹涌的怒气与恐惧中稳住自己的心态，保持头脑清醒和镇定，用更理性的方式与伴侣展开有效的沟通。本书的主旨并不是教你做上述的具体训练。我们为个人或公司客户提供咨询、培训服务时，这些训练常常是我们最重要的工具和手段。

到此，理解和训练极致的慷慨对于你来说应该都不算难事了，但愿我们提供的工具与思路能助你一臂之力。从此，婚姻中的你有了全新的视角去判断自己该怎么做、怎么看、怎么说。接下来，本书将探讨如何重塑生活形态，包括分工体系、事务的优先级设定、底线、权力结构、性生活，以及如何把极致的慷慨的思维方式与这种共赢的生活形态结合起来。

---

① 情绪智力不等同于情商。情绪智力是一个人识别自己和他人的情绪状态，并利用这些信息的能力。

THE

80/80

MARRIAGE

第三篇

80/80 模式下
持久幸福的 6 个法则

THE
80/80
MARRIAGE

第 8 章

一起决策，才能共赢

做任何决定，都应该把“我们”放在“我”之前

打造幸福婚姻，有一半工夫都要花在思维方式的升级上。如前文所述，这要求大家换个角度去观察和解读婚姻旅程。大家要从公平之战的藩篱中抽身而出，去实践极致的慷慨，完善自己的做法、看法和说法。

当你走进现实婚姻生活，面对一个个真实而具体的婚姻难题时，你该如何取舍呢？婚姻生活纷繁复杂，时代发展飞速，人性高深莫测，疲于奔命中的你该怎么应对柴米油盐的生活，统筹规划家庭的未来，分配家庭责任和权利，以及确定事务的轻重缓急？

仅凭聪明的大脑掌握的训练知识还不足以战胜现实中的重重挑战，你的婚姻需要一个全新的决策体系，让你在千头万绪中找准方向和节奏。在 80/20 模式下，僵化的角色分配制度已经定死了家庭生活的所有细节。在 50/50 模式下，夫妻彼此独立，有时还有种微妙的竞争关系，各自心里氤氲着些许嫉妒、

怨恨，甚至一种病态的公平情结。

在80/80模式下，突破人们的认知极限，重新定义婚姻中个人的日常习惯。不过这一次，要突破或者放下的是个人抱负。一直以来，人们接受的社会文化是“你必须单枪匹马地实现梦想”“你要做就得做到最好，因为没人记得第二名”。但在80/80模式下，它的爱情法则指向了一个新目标：不能只突出自己，夫妻是一体，要实现共赢。

两个世界、两类决策体系、两种婚姻状态

夫妻俩可以你追我赶，各赢各的；也可以彼此辅助，追求共赢。两种赢法有什么区别？请看下面的访谈实录。被访谈的两位职场女性均获得了事业上的成功。当获知妻子在职场取得的成就时，丈夫的反应有所不同。

丈夫 1

我们都是对事业有野心的人，极度渴望成功，实现自我价值。为了实现事业上的成功，我们都可以做到肝脑涂地、百折不挠。原则上，我们也愿意辅助对方。设想一下，妻子获得了理想的工作机会，而我的事业却毫无亮点，乏善可陈。我肯定会为妻子感到高兴，我会说：“亲爱的，你真厉害，你就是王者！”但在心里，我会痛苦地哀嚎：“完了！她可是飞黄腾达了，我就是个被她甩在身后的失败者。”

丈夫 2

我们的婚姻之所以如此和谐，很大程度上要归功于我们从不孤立看待两个人的事业发展，而是把两份事业视为一个整体。有很多次，我们中的一方不得不“牺牲”自己在职场上的发展或资源，以成全另

一方去追求一个更好的职场机会。但这种“牺牲”并不会让我们多纠结，因为大家都做过让步，而且很开心能用自己的妥协去支持对方。我们从不计较谁挣得多或更成功，着实不在乎这些强弱与得失。我们最看重的是对整体家庭而言，怎么取舍才更好。

想象一下，假如你是丈夫 1，妻子刚刚赢得了一个特别关键的晋升机会，或拿下了一个大订单，你会有什么反应？想必在听到消息的一瞬间，一种酸楚的嫉妒便扑面而来，你的心被刺痛了。当然，你多少也会有点狂喜的感觉，但更多的是一种无力感与恐惧感。妻子的成功反而让你如芒在背。

换个思路，想象一下你是丈夫 2。这场胜利既属于妻子，也属于你。你们俩就像一个篮球队，妻子投中了赛点三分球，你们合力反败为胜。没错，三分球确实是妻子投进的，但胜利也是属于两个人的。

两种心态的不同之处在于，一个要的是公平以及个人的成功，另一个看重的是共赢。在前者的视野里，每个人都有独立的职业目标和人生旅程，各自的时间和精力大都花在了自己身上。在后者的价值观里，婚姻的各项决策是为共赢服务的。强调的是“我们”而不是“我”，追求的是两个人的共赢，而非单一个体的成功。

“极致的慷慨”是 80/80 模式下的爱情法则的思想方针，而“共赢精神”则是 80/80 模式下的爱情法则在实际操作过程中的行为指南，解决的是生活中各种具体的问题。共赢指引夫妻以共同目标为纲，高效地完成各种家庭任务，解决待办事项。当然，实现共赢也是一件做比说难的事。你不能大手一挥，高喊一声“没问题！以后咱们就一起奔向共同的目标吧”后，便等着成功直接掉下来。要真正实践好共赢策略，你需要在婚姻的 5 大领域里精耕细作，分头解开各个困局。这 5 大领域同时也是婚姻生活中最高频的“暴雷区”。5 大领域分别是：分工体系、事务的优先级设定、底线、权力结构，以及性生活。

接下来的几章内容还会仔细讨论 5 大领域的决策原则与操作方法，这里先简略介绍共赢思想在这些领域里落地后的情况。分工体系不再是某个随机事件后被约定俗成下来的糊涂账了，它是由两个人经过充分的讨论，根据共同目标而精心设计的。事务的优先级设定也有了清晰的标准，即两个人都赞同的价值。底线是两个人抵御外部干扰时的心理防线，下次再遇到对共同目标没有帮助的机会、请求、诱惑时，两个人就可以大胆说“不”了。夫妻间的权力结构会变得更加均衡而稳定。关于婚姻中最私密、亲密的领域——性生活，我们有这样的领悟：婚姻的决策体系越有利于夫妻实现共赢，两个人的性生活就越和谐。

婚姻是一项“团体运动”

很多受访夫妻都会用比喻的方式形容婚姻。这个比喻的方式在我们耳边响起了一次又一次：80/80 模式下的婚姻是一项“团体运动”。一位男性受访者说：“我和妻子经营婚姻就像打篮球，一方不会投三分球也没关系，专心打助攻配合就好。我们看重的是团队精神，而不是要跟队友进行等价交换。我们心里想的总是‘怎么做才能一起赢’。”

这个比喻肯定给你一种招式已老的感觉。但时代压力重重，两个人要始终不忘初心，一路并肩向前，不亚于一番任重道远的修行。对于当下的绝大多数的夫妻而言，这要完成一种艰辛的蜕变。如果你的婚姻处于 80/20 模式，在形式上，它确实是一支球队，每位队员也确实希望球队能获胜。但球队有且只有一名投球手，只能由他来得分。如果你的婚姻处于 50/50 模式，在形式上，它俨然是个全明星战队，每位队员都想出风头、出成绩，只关心自己的积分与排名，想赢得“最佳球员”的称号，并不是团队的胜利。处于 80/80 模式的婚姻，在形式上，它变成了一支真正强大的球队，每位队员各司其职，竭尽所能，定义各自的高光时刻。

球队比喻着实经典，难怪这么多受访者都喜欢用。我们把婚姻比作一项“团体运动”，其实还有另外一个好处。有一样东西在婚姻中默默存在着，却很少被注意，但此刻我们终于能给它取个名字，给予一份关注了。它就是婚姻中的第三个“人”或“实体”，常常在公平之战中被打得四分五裂。它到底是什么？回想一下，你和伴侣起争执时，是不是从来都只考虑各自的得失。争吵的话题多种多样，如陪双方家人的时间怎么分配，暑假旅行去哪儿，要不要买个新的割草机等。每次争吵的赢家只会在你和伴侣之间产生，不是你赢，就是他赢，不用考虑第三方。当你们把婚姻看成一个团体项目，每个人都是球队中的一员后，就会恍然大悟，突然发现了这些年被忽视的婚姻中的第三方——夫妻共同的胜利，也就是团队的整体利益。

我们在想通这一点后，豁然开朗。我们生活在一起 12 年了，却始终带着 50/50 模式的“枷锁”，独立看待彼此的项目、事业、目标。我们当然也会为对方取得的成就而欢呼，但心里肯定更憋着一股劲，时刻谨记着寸土必争，绝不能让对方占到便宜或夺得先机。在我们的较量中，筹码只发给我们两个人。

一天，我们突然开窍了。那是在一个春日的清晨，我们正在远足，一边走一边聊。我们发现，多年来两个人都不曾停歇，各自启动着新项目，动笔写着新书，开发着新活动。但一场场热闹后，往往只有其中某个人能获利。对于这个家来说，很多事情不见得有多少意义，甚至反而还会侵蚀整体的利益。两个人都身心俱疲，似乎被抽干了心力与能量。

就在这个灵台清明的瞬间，一个伟大的灵感照进了我们的心。我们决定要设计一场 80/80 模式的实验，体验夫妻共赢的生活。“如果我们不再把双方的事业割裂开，会有什么样的变化？”我们问自己：“可不可以团结起来，成立一支更强大的队伍？从此以后，敢不敢对任何事情（事业发展、子女教育、迎送采买、家务劳动等）只问‘怎么做对整个家庭才最有利’这个问题。”

这个实验促使我们重新认知，并规划了生活中的所有事情。最重要的是，我们给前文所说的“第三方”取好了名字，称它为“凯约内”（取自我们一家三口名字中的第一个字）。

你在参加破冰或团建活动时，常能听见用这种命名方法命名的名字。它带着一点土里土气的可爱，但就是这个名字，让我们的对话有了全新的落脚点。曾经的我们只会在50/50模式的牵引下，不断地问着最离谱的问题：“怎么做才能让我不吃亏、最得利？”后来的我们变了，只会问：“怎么做才是对整个家庭最好的？”如果用自家的语言来描述，这个问题就是：“怎么做才是对凯约内最好的？”从此，我们婚姻中重要的“第三方”终于有了存在感。让我们时刻铭记这个第三方：家庭团队。

追求共赢的好处

你心里可能响起了一个微弱的质疑声音，提醒你远离“共赢”这个概念。从小到大，你接受的文化教育是“你要突破自己”“你要挖掘出自己的全部潜能”“敢想才敢做，闯就对了”，崇尚的永远是个人主义与个体成功。这些理念被深深植入每个人的心中。由此，剥离这一部分的自我的确会让人感到痛苦和惊慌，毕竟与伴侣共赢意味着要放弃自己长久以来的目标、野心，以及成功的欲望。

你所感到的恐惧有道理，但别怕，它也很容易被化解。80/80模式下的爱情法则虽推崇共赢，却不是要你放弃全部的自我。80/80模式本就不需要你付出100%的努力去成就两个人的共赢，不需要你彻底放弃个人的事业、希望、梦想与喜好。它留有空间，让你可以追逐自己的梦想。只是在家庭生活中，80/80模式希望你能把整体利益，即两个人的共赢置于个人的成败之上。

那个质疑声音还会继续盘旋，幽幽地问：“我何苦要成全共赢，这有什么了不得的？我就喜欢把自己的利益最大化，这有什么问题吗？”接下来，我们不妨看看共赢的其他几个好处吧，品品共赢到底够不够好。

从困惑走向清醒

共赢能帮你们清理掉外部的噪声与骚乱，别小看这一点。保持清醒和理性，你们才能分配好职责，给事务划分正确的优先级，对该说“不”的事情坚定地说“不”。你们才能走出 80/20 模式下僵化的分工体系，甩掉 50/50 模式中龙争虎斗后的困惑和混乱。你们才能看清目标，唤醒身心的活力，一起去面对生活中铺天盖地的压力和危机。

找到更聪明的方法，一起完成更多的任务

当你们将彼此的生活视为一个共同的部分时，每个人都将获得指数级的能量加持，面对困难时能变得创意十足、效率非凡。你们不仅在有限的时间里能做完更多的事，还能挑出最对的事情来做。源源不断的邮件、短信、信息，轰炸着大脑，分散着有限的注意力。当你们有了清晰而统一的目标后，这些干扰就不足为惧了。你们可以有独立的判断，会优先关注那些真正需要被关注的事情，不再被信息的洪流裹挟，不会为别人在乎的事情化身牛马，燃尽心力。

更紧密的联系

对于婚姻来说，清晰的目标、聪明的取舍、高效的产出都是非常重要的。但 80/80 模式要达到的目标并不是这些。它的目标是让夫妻在踏过一地鸡毛与半生劳苦之后，双方眼睛里依然看得到爱情最本真的模样，是与自己最爱的那个人心神相通，并肩而行。你们之所以会组建家庭，就是因为爱情本来的模样

太美，两个人之间的联结感太幸福。两个人联结为一体时，双方都会享受到举案齐眉、相濡以沫的幸福，柴米油盐的平淡生活都会变得妙趣横生。你们会拥有令人赞叹的高效率，不会错过对方话里的任何一个笑点，在睡前会有聊不完的天，早上醒来双方还有喷薄的爱欲。但如果你们走到了反方向，一切就会变得生硬而疏离。你们会焦躁、紧张，难得谈笑或打闹，会你来我往地吵和争，神经崩成了一根细丝，谁都做不了任何事。总之，如果两颗心已经分崩离析了，两个人却还要在一个屋檐下过日子，那么就一定会过出万般苦楚来。

打赢婚姻这场比赛

团体运动有很多种，你们会用哪一种团体运动来比喻自己的婚姻呢？即是说，你们想在哪里赢呢？这个问题相当重要。我们在访谈中，向很多对夫妻提出此问题，惊奇地发现大家对共赢有着千差万别的理解，几乎每对夫妻的理解都不同。

有些夫妻的共赢是实现财务稳定；有些夫妻则希望能在有生之年环游全世界，品味文化的多样性；有些夫妻想构建一个温暖的朋友圈，让亲友邻居们能时刻欢聚；有些夫妻想一起改变世界；还有些夫妻在追求极致欢愉的性体验。有趣的是，很多夫妻的共赢目标不唯一，可能会包括上述几个，也可能还有其他理解。

夫妻共赢不存在标准答案。你们应该赢在哪里，完全取决于你们的价值观，取决于想要什么，是金钱、旅行、社交、影响力、性体验，还是其他方面。追求共赢的第一步就是找到共同的目标——心中什么样的事情最有价值，什么样的成功最值得追求。

80/80 实操练习

你们共同追求的价值是什么

这个练习的目的是找到 1 ～ 5 项你和伴侣都认可的价值，相应地，共赢目标也应该建立在这些价值的基础之上。建议夫妻两个人分别做这个练习，然后一起查看两个人的答案。

第 1 步：请选出 3 ～ 5 项你认为夫妻应该共同追求的价值或事物，如有未列出的内容，可在空白处补上

冒险	财富积累	志愿者活动
旅行	身体健康	政治活动
家庭团圆的时光	心理健康	户外探索
影响力	精神成长	温馨的居家时光
慈善事业	性体验	娱乐
职场发展	灵感与创意	突破自我极限
社区建设	指导他人	寻找激情与兴奋点
拓展朋友圈	可持续发展	退休准备

第 2 步：两个人分别选出最看重的 5 项价值或事物，填在下面

妻子的选择	丈夫的选择
价值 1: ________	价值 1: ________
价值 2: ________	价值 2: ________
价值 3: ________	价值 3: ________

价值 4：________　　价值 4：________
价值 5：________　　价值 5：________

第 3 步：合并两个人的选择，找到共同认可的 5 项价值或事物

两个人可以把各自的选择放在一起，对比异同，目标是筛选出双方都认可的 5 项价值或事物，做出“夫妻共同价值清单”。请把你们选出的项目按照认可的程度从 1 到 5 写在下面。

夫妻共同价值清单

价值 1：________
价值 2：________
价值 3：________
价值 4：________
价值 5：________

技巧 1：两个人的选择完全没有交集，该怎么办

有两种方法。第一种方法是先把两个清单合二为一，组成一张大的清单，然后从团队合作的视角出发，两个人共同审视清单，挑出最重要的 3 ～ 5 项。第二种方法同样要求双方从团队合作的角度出发，忘掉双方各自的选择，从零开始，一起打造“夫妻共同价值清单”。

技巧 2：别忘了“极致的慷慨”

虽然本书已经翻过了思维方式这一篇了，但这次的讨论

也是个完美的机会，可以让你们再次练习向伴侣和家庭做到极致的慷慨。

技巧 3：制作一个标识，随时提醒这些价值的存在

如果只是填写这张清单，却不再回头“复习”，不久后，双方就都会把内容忘干净。建议大家把这张表贴在家中显眼的地方，如厨房台面、浴室镜子、居室的玄关处等，时刻提醒要注意这些价值。我们家是把夫妻共同价值清单写在了一张小黑板上，并把它放置在厨房里。

拔高练习：为家庭战队起名

前文说过，我们家的家庭战队是有名字的，叫作凯约内。请给你的家庭战队起一个名字吧。“史密斯军团”“史诗战队”“青春三人行”……请发挥创意吧！

技巧 1：刻意在生活中使用这个名字

一旦家庭战队的名字确定，就尽量在讨论或分配家庭事务时提起它，最大频率地使用它。

技巧 2：极致的慷慨

别忘了，极致的慷慨永不退席。

总而言之，要打造一个共赢的婚姻形态，第一步就是找到夫妻共同认可的价值或事物；第二步是在生活中去实现它们，以此为准绳做出各项决策，尤其是 5 大领域（婚姻生活中最高频的“暴雷区”）：分工体系、事务的优先级设定、底线、权力结构，以及性生活。

THE 80/80 MARRIAGE

第 9 章

分工明确，怨气不缠身

模糊的分工是怨气的培养炉、焦虑的催化剂

犹记得刚结婚的前几年里，下面这种对话在我们的生活中至少上演了一万次。

凯莉：咱家花园的烧烤炉脏得没法看了，简直跟个爆炸现场似的。你去打扫一下好吗？

内特：好，知道了，包在我身上。

一个星期后。

凯莉：炉子怎么还没弄干净？你要拖多久？

内特：亲爱的，这事儿包在我身上了。相信我，我一定会洗它的。

三个星期过去了。

凯莉：你到底把这破事儿包在谁身上了？咱家炉子还是那个样子。你还打不打算把它洗干净了？是不是非要我来洗才行？

内特：这下子你明白了吧？你越催我，我就越懒得动弹。

在这场对话反反复复地发生多次后，我们终于意识到问题出在哪里了。现在我们明白，其他家庭夫妻之间也会经历与此类似的撕扯，不少受访者都在其中苦不堪言。问题的开端常常是一方自顾自地分配工作，从而引发了另一方的不满。久而久之，一方终于无法忍耐这股不满，被彻底引爆，造成了火力全开的大爆发。

“指派工作—积累怨气—大爆发”模式

在生活中，夫妻中总有一个人要先看到那些不痛不痒但很碍眼的问题：冰箱门的架子上有番茄酱的污渍，家里的车再不做年检下个月就无法上路了，该轮到自己家请朋友们聚餐了……

生活也总是对另一个人格外温柔以待，不让他操心任何一件烦心事。他只需要闲适地瘫在沙发上，无所顾忌地刷剧，直至过瘾。可想而知，习惯于先发现问题的人就坐不住了，因为他知道平静生活背后的危机四伏，知道若没有实际行动，没有哪个问题会自行消失。在一通焦虑后，两个选择摆在了他的面前：要不自己扛下所有，一件件地去解决这些问题，最终是辛苦了一辈子，也抱怨了一辈子，每每看到伴侣就气不打一处来。要不就化身为军训教官，把伴侣操练起来，给对方下达指令，逼他承担一部分家务。比如：“洗碗机洗好碗了，帮我取出碗筷摆好。”“儿童安全座椅下面脏了，拿吸尘器吸一下吧。”“你去遛一下狗吧。带上这个塑料袋，回来前一定要记得把前门草坪上的狗便捡干净。”

两个选择真是糟心得难分伯仲：一个让你处处事必躬亲，渐渐在辛劳中被怨气吞没；另一个要你直面伴侣的无能与懒散，仿佛他的大脑空空如也，连基本的常识都要你教。对大多数人来说，第二种选择似乎是最佳途径。

我们从亲身经历里得到了一个大教训：第二个选择才是怨气的培养炉、焦虑的催化剂。

指派工作是职场上的常规操作：经理可向下属指派工作；CEO 可向行政助理指派工作；工长可向工人指派工作。上级分配工作给下级是一件太正常不过的事，毕竟所有员工都清楚自己的职责，所以委屈是无从谈起的。

婚姻有着不一样的运转逻辑，你的伴侣肯定不愿意接受指派的工作。双方是平等的关系，而非上下级。平等是 50/50 模式最重要的创新点，双方中没人可以发号施令，当然也不可能有人逆来顺受。

凭什么一个人可以发号施令，另一个人就该令行禁止？多问几次这个问题，你渐渐就能明白，夫妻之间指派家务会带来怨气。若一个人习惯性指派家务，另一个人则会隐隐生恨。在上述两位作者的故事里，每当凯莉催促说："你到底要等到什么时候才能去洗烧烤炉？"内特的思绪便瞬间回到了 20 岁时打工的那家比萨店，自己站在后厨，耳边响起了门店经理聒噪的声音。门店经理爱给员工下命令，喜欢指点内特快速拆分油腻腻的比萨盒子。门店经理永远都是晕晕乎乎的，习惯性地下达甚至是错误的命令，内特对此只有厌恶。当凯莉催促内特时，内特眼中凯莉和那位门店经理的身影重合了。

怨气只会如滚雪球般逐渐累积，然后突然炸裂，一把将人的愤怒推到顶点，让人大发雷霆或消极抵抗。内特的反应是后者，他根本就没想过要去清洗烧烤炉。他心中的怨气早已滚成了大雪球，消极抵抗就是他的爆发形式。没错，内特本来是可以把烧烤炉洗干净的，但心中的怨气已经积聚到了忍无可忍的程度，于是选择了一种最经典也最孩子气的抵抗策略：嘴上说要做，心里明白永远也不会做。

内特的消极抵抗也激起了凯莉的满心愤懑，她开始声色俱厉地发起对内特的讨伐：老是完不成他该做的事，说话做事根本靠不住，一直就不够体贴人……一旦矛盾被激化到了这步田地，也就只有一种狼狈不堪的收场方式了：眼泪和哭声充斥着整个家，每颗心都在锐痛中颤抖，每一丝怒气都挥之不去。

你是不是也落入过同样的绝境，如果是，你就一定懂得这有多么折磨人。随着矛盾的不断升温和恶化，整个过程就是在为一场大战做铺垫，大战的结局一定是两败俱伤。这一切没有半点意义，就像工作日刷视频，或者跟朋友花上 7 小时在游戏里来一场对决一样——完全没有必要。“指派工作—积累怨气—大爆发”模式让夫妻很难再得到真正想得到的东西：爱、亲密、深层次的联结感。

焦灼与僵持背后的原因

这个困局的存在并不难解释：一切只因婚姻中的角色是混乱的。生活在 80/20 模式下的父辈们没有这个烦恼。他们的婚姻里当然有失衡的权力结构与明目张胆的性别歧视，但少有角色混乱、分工模糊的问题，两个人对谁应该干什么、承担哪些家务很有默契。这种稳定并不来自父辈们过人的智慧或谨慎的态度，而是需要“感谢”彼时的文化。僵化而古板的两性认知帮父辈们解决了这个大难题。男人就要有“男人样”：挣钱、去公司坐班、修整草坪等。女人也要有“女人样”：会做饭、打扫卫生、与邻里闲聊、照顾孩子们等。

历史的洪流带来了 50/50 模式，两性平等的思潮逐渐抬头，原本清晰而稳定的婚姻权力结构开始分崩离析，取而代之的是混乱和困惑。每个人的责任与义务必须严丝合缝地对等，否则就是不公平。怎么才能实现这种对等呢？是每个人都要做每件事？还是随机分配家务？或者无为而治，双方笑看这个烂摊子躺在那里，看看最后谁会机缘巧合或无可奈何地去收拾了它。

大多数的夫妻会选择“无为而治”，接受我们采访的很多伴侣都是如此。每当我们询问大家如何分配家务时，都会收获一段尴尬的沉默，等好长时间都没人能开口说一个字。受访者最后往往会扭捏地说：“呃……我们其实也没刻意分配家务，很多事情莫名其妙地就定下来了。”一位男性受访者说：“陪女儿刷牙是我的活儿，我也不知道这是为什么。反正在绝大多数情况下，都是我在给她刷牙。”

“无为而治”是 50/50 模式的标志，对部分夫妻来说，还是很有用的。但对大多数夫妻来说，这只会带来困惑、混乱和矛盾。一位女性受访者告诉我们：“我和丈夫每一个半月、最多两个月内就要大闹一场，循环往复，没完没了。通常是在我遭遇一个问题或危机的情况下，它就像骆驼遇到了压死它的最后一根稻草。我整个人都快散架了，肩头根本扛不住压力，却也只能一个人苟延残喘。每每吵架时我会号啕大哭，他会据理力争。我们通常还是能把话说开，也能把问题暂时摁下去。但过了一个半月、最多两个月后，双方就得再吵一次。”

模糊的分工体系让这种拉扯不断重现。这肯定是一个恶性循环，且有 3 大弊端。

弊端 1：不平等

一旦涉及家务分配，不论一对夫妻在两性的地位认知上是多么开明或超前，也不论妻子能挣多少钱（有时甚至比丈夫要挣得多），家里做家务多的人总是女性。这种现象表明 80/20 模式在当代婚姻里“阴魂不散”，它带来的是一种失衡的权力结构，总有一方（一般说来是女性）做的家务多到不成比例。

弊端 2：低效

如果夫妻制定了清晰的分工标准，再小的事情也会有人主动而快速地完成，因为他知道自己对此责无旁贷。但当分工非常模糊时，小事就变得很复杂了。夫妻俩每天都像在开会，喜欢扯着脖子争辩，而不是撸起袖子干活。模糊的分工能钝刀割肉般地折磨彼此的心性。比如，需要把垃圾桶放到路边时，明明半分钟就能做完，但两个人能花上沧海桑田的时间去辩论为什么要放这个垃圾桶，谁该去放它，以及什么时候得放好它。

弊端 3：不稳定、不确定、复杂、模糊

分工模糊还会让夫妻陷入一种 VUCA 的状态。VUCA 是军事战略分析家们常用的概念，意为各件事的进展状态或处理结果是不稳定、不确定、复杂且模糊的。生活中的 VUCA 状态可能是：“信用卡账单已经还清了吧？”“我哪儿知道！”“有人去夏令营把孩子接回来了吗？”“我哪儿知道！”在这种状态下，很难有人说得清某件事到底进展到哪一步了。在这种状态下，夫妻俩过起日子来就像在漆黑的房间里摸索，不知道什么时候就会撞到一堵墙，什么时候又会踢到一级台阶。

从本质上讲，所谓的“无为而治”其实就是让大家在混乱、困惑、抓狂中抱头鼠窜。通过这些分析，我们也悟到了 80/80 模式下共赢理念的一个核心观点：分工体系很重要。夫妻不需要花太多时间就能设计出一个清晰的分工体系来，从此生活中的一应事务都能被处理得清楚、高效，两个人也会在这个体系中收获宁静。

共赢理念下的分工体系

分工或责任之类的概念着实太无聊了，你一听到就头疼。你觉得无聊的任务分配跟做一张极其复杂烦琐的数据表没有区别，甚至比讨论纳斯达克[①]金融衍生品市场上的远期交易还让人困顿。但不论你对分工体系是恨还是爱，它其实一直就在你们的婚姻中发挥着作用。只是有些婚姻的分工体系清晰而细致，被精心设计过；有些婚姻的分工体系混乱而随意，让两个人在风平浪静的表面下，积聚着恨与怨，随时可能爆发争吵。

如果你还不知道一个被精心设计过的婚姻的分工体系到底有多么强大，那么你可以看看安德鲁和琼恩的故事。他俩最近领养了一个小男孩，这让两个人的生活状态从此大不相同。他们必须得好好商量一下未来该如何分配家务与责任。

两个人都是咨询师，下定决心要为自己的家庭设计出一个可以高效运转的分工体系，彻底告别无为而治的时代。他们深知，一个良好的分工体系运转起来是能帮人省心省时又省钱的，所以两个人动了一番脑筋，下足了功夫。琼恩告诉我们："进行分工时最重要的一点就是充分照顾每个人的特长。我家所有的账单核对、投资理财工作都由我来做，因为我真不觉得这些事情麻烦，不会做着做着就郁闷焦躁。但安德鲁肯定忍不了这种枯燥琐碎的事。"分工的终极目标是提高总体效率，正如琼恩所说："我们总在问自己'怎么做才能花最少的力气把事情办好'。"

提高效率是共赢理念下的分工体系的一大好处，除此之外，它让每个人都可以优先做自己喜欢做和希望做的事情。相比之下，安德鲁更擅长照顾孩子，

① 纳斯达克是美国的一个电子证券交易机构，创立于 1971 年，迄今已成为世界最大的股票市场之一。——编者注

能长时间且有耐心地陪伴孩子。术业有专攻。琼恩在理财方面有过人的细致与专业性，安德鲁适合照顾孩子。因此，两个人便在分配任务的时候确保了各取所长。

两个人还发明了一个概念，叫作“服务交付标准”。它用来描述一个人对某项工作的要求。这个概念对他们分配家务也至关重要。安德鲁解释道：“例如，不管哪对夫妻，两个人对地板清洁程度的要求总是有区别的。在我家，我的要求就特别低。哪怕地板油腻得都粘脚了，我也无所谓，还能光脚走来走去，但琼恩就不能忍。”一对夫妻中，如果有一方对厨房的要求是像样本房一样纤尘不染，那么他给打理厨房这项工作就定下了很高的“服务交付标准”。安德鲁和琼恩认为：任何一项工作都应该交给“服务交付标准”比较高的那个人，或者让他来负责这项工作的外包与落实。毕竟有着高标准、严要求的一方抓起问题来往往更细致敏锐，能比另一方早发现问题。

安德鲁和琼恩改变了无为而治的家务分配状态，取得了显著的成效，最大程度地减轻了生活中的紧张感和冲突感，用清晰战胜了混乱。更重要的是，在这个体系中，他们能把两颗心拴在一条绳子上，每个人都有团队感，感受到家庭团队正大步流星地走在共赢的路上。这种有意为之的梳理与分配，体现着夫妻之间的大智慧，能把宏大的共赢目标与繁杂的日常事务有机地结合起来。

THE 80/80 MARRIAGE

通过这种科学又高效的分工体系，夫妻能把待办事项、家务逐个击破。如果夫妻只是在老习惯、老规矩的惯性下稀里糊涂地往前走，那么两个人要么走进 80/20 模式的失衡与不公状态，要么就陷入 50/50 模式的混乱与困惑状态。

由此可见，构建一个更有活力的家务分工体系，能让每个人得到的任务符合自己的价值、特长、喜好。这同时也是一种非常有效的练习，推动夫妻在生活的方方面面深入领会并实践 80/80 模式的核心价值。这场分工体系改革有可能助你一臂之力，将那些困惑、争斗与公平之战赶出历史舞台，迎来的则是极致的慷慨与共赢的理念。

设计分工体系的 5 大原则

在设计新的分工体系时，请将以下 5 大原则挂在心上。

原则 1：发挥每个人的特长

每个人的禀赋天生不同，有些人特别会照顾孩子，愿意与孩子长时间待在一起；有些人站到梯子顶上也心不慌、气不乱，特别适合给车库的房顶拧上装饰灯……设计分工体系时，双方要清楚自己及对方的优势技能是什么，要多问问“谁可能更擅于处理这种事情”。

原则 2：照顾每个人的兴趣点

兴趣和特长一样，都是因人而异的。有些人天生就对工作抱有热情，甚至是需求，会觉得给杯盘碗碟擦污渍可疗愈心灵，喜欢打理庭院。有些人则刚打开除草机的开关，闻见了一丝碎草的味道，听到除草机工作的噪声就烦躁不已。夫妻在设计分工体系时需要思考：两个人的兴趣点各在哪里？有没有什么事情是特别讨厌或希望去做的？

原则 3：比一比谁的标准高

每件事情的“服务交付标准”是什么？夫妻要明确某件事做到什么程度才

算“完工”。安德鲁和琼恩发明了“服务交付标准”这一说法，本书直接用“标准”这一概念。每个人心中对任何事情一定都是有标准的，如一个马桶多脏才叫脏，一条人行道要堆多高的雪才“应该铲雪了”，多少张票据乱堆在一起才叫“乱到不能忍了”……处理同样的事情，夫妻中总有人的标准要高出一些。例如，春天到了，但凡庭院草坪上长出一朵蒲公英，你都忍不了，必须除之而后快，而你的伴侣对春天里长出的杂草能完全不在意。那么，你在庭院美化方面就有更高的标准。再如，伴侣每个月都愿意花好几个小时的时间把家庭收支报告处理得工整又细致，但你觉得这些工夫花得实属冤枉。那么，你的伴侣在财务管理方面的标准就比你高。

夫妻把各自的标准梳理清楚之后，就能发现一个关键点：在同样条件下，高标准的人肯定能把事情做得更好，哪怕由他去找人代劳，也能得到更好的落地效果。在设计分工体系时，夫妻不妨把这个因素考虑其中。

原则 4：别忘了共赢精神

读到这里，相信各位读者都已经清楚 80/80 模式的核心理念了：婚姻生活不是为了讨个公平，也不是为了给任何一方的个人抱负铺路，而是为了实现两个人认同的价值观，追求两个人共同的成功。这个理念最大的作用就是辅助家务分配。50/50 模式处理家务分工的底层逻辑就是让所有事情都公平，要找到最均衡、最公平、最无懈可击的分界点，然后两个人各取一半。80/80 模式重视整体的收益，追求双方都赞同的价值，在此基础之上再去划分责任、分配任务。这意味着在有些场景下，两个人的付出并不对等。

设想一下，一位妻子在职场上表现出众，收入可观，她的丈夫愿意花更多时间在家里照顾孩子。这对夫妻各自承担的家务量恐怕严重违反了 50/50 模式的原则。家里家外的事情肯定是丈夫多操心，妻子是挣钱的主力。这种分配方法其实是没有问题的，因为它符合两个人共同认可的价值。当然，有的夫妻会这样分工：同时追求事业发展，均分家务。对他们而言，这种分配当然是最合适的。总之，让可以共赢的目标，而非 50/50 模式的公平成为指导家务分工的最高原则。

原则 5：适时考虑家务外包

总有一些家务是夫妻两个人都不擅长的，且也没有兴致想做好的。当然，还存在夫妻中的一方对做家务全方位的高标准、严要求。在其中一方看来，没有任何一件家务是对方能做好的，不论对方怎么努力也达不到自己设定的合格线。此时，如果经济条件允许，夫妻不妨考虑请他人代劳一部分家务。例如，双方对浴室的清扫标准达不成一致意见，干脆请一位钟点工清扫，不用为此内耗；庭院里杂草丛生，两人却都不想除草，就请一位园丁解决这个问题。有的事情外包不用非要花钱，如照顾孩子，相信在很多时候双方的老人或亲戚们是非常乐意搭把手的。

上述的设计分工体系的 5 大原则对于构建共赢的决策体系来说至关重要。我们对此深有感触，迄今仍清楚地记得第一次悟出这个道理时的场景。当时，我们因为放学接孩子的问题越吵越烈，感情破裂，距离婚只有一步之遥。几个星期后，我们在餐桌边坐下来，每人面前放着两张白纸。我们在第一张纸上画了两列空格，分别写下各自负责的家务。填完这两列内容后，我们就明白了矛盾的根源。

凯莉需要帮助，难怪她时不时就得向内特指派工作。因为她肩头的家务担子真的太重了，要管的事情已经远远超过了内特。这种家务分配比例根本不符合共赢的价值观，也不符合我们的禀赋与兴趣。

随后，我们拿出了第二张白纸，在上面设计一个全新、高效且更有激励性的分工体系。整个过程只花了 20 分钟的时间，但高效的分工体系却终结了一场折磨我们太久的“噩梦”。一晃 7 年过去了，尽管其间我们依然会有矛盾和争执，但我们很清楚自己的职责，都在一丝不苟地完成着自己的任务。当冲突再次发生时，我们明白这是现实情况在提醒：有些事情考虑得不到位，需要再调整一下了。此时的我们不会再消极抵抗，也不会用尖酸的语言攻击对方。两个人会把分工表拿出来，再次对它做优化，让一切回到正轨。

接下来，轮到你们升级了。你们需要设计一个全新、高效、有建设意义的分工体系。别忘了设计宗旨：不论安排谁去做什么事，终极目标都是为了实现两个人的共赢。

80/80 实操练习

能共赢的分工体系

要理清生活中的一团团乱麻，奔向共同的目标，请先设计好分工体系吧。

第 1 步：记录家务分工情况

每项家务多半会属于下面三种类型中的一种：你的、伴侣的、共担的（如果有哪项任务找不到清晰的责任人，就默认它是双方共担的）。下表列出了一些最常见的家务，仅供参考。

家居清扫	为孩子们约玩伴	生活采买
洗衣晾晒	安排人情往来与社交聚会	收支管理
物品维修	招待客人	交税
庭院养护	做饭	投资理财
安排假期生活	洗碗	照顾生病的孩子
给孩子们报夏令营	扔垃圾	照顾年迈的父母
规划出行	车辆保养与年检	给孩子准备上学物品

你的任务（你独立负责的事）	共担的任务（两个人一起做的事）	伴侣的任务（伴侣独立负责的事）
1.	1.	1.
2.	2.	2.
3.	3.	3.
4.	4.	4.
5.	5.	5.
6.	6.	6.
7.	7.	7.
8.	8.	8.
9.	9.	9.
10.	10.	10.
11.	11.	11.
12.	12.	12.
13.	13.	13.
14.	14.	14.
15.	15.	15.
16.	16.	16.

第 2 步：复盘现有的分工体系

看看哪些家务完成得还不错，哪些家务的完成情况让人头疼。在复盘过程中，别忘了用设计分工体系的 5 大原则梳理思路。

- 特长：你现在做的家务能发挥自己的特长吗？
- 兴趣点：你喜欢现在正在做的事情吗？
- 标准：你们俩是否对某些事情有着完全不同的标准？
- 共赢精神：现有的分工体系有助于实现两个人的共同目标吗？怎么调整才能让家务分工符合共赢精神？
- 适时外包：你们有没有条件请他人代劳那些谁都不想做的家务？

技巧 1：尽量减少共担的任务

总有些家务是需要夫妻共担的，如做饭、洗碗、接送孩子等，但原则是共担的家务越少越好，最好不要超过家务总量的 25%。共担的家务越多，推卸责任和吵架的可能性就越大。

技巧 2：极致的慷慨

想让一切向着良性方向发展，双方就要始终记得——极致的慷慨。

第 3 步：创建一个全新的分工体系

夫妻一起制作一张责任清晰的家务分工表。

你的任务 （你独立负责的事）	共担的任务 （两个人一起做的事）	伴侣的任务 （伴侣独立负责的事）
1.	1.	1.
2.	2.	2.
3.	3.	3.
4.	4.	4.
5.	5.	5.
6.	6.	6.
7.	7.	7.
8.	8.	8.
9.	9.	9.
10.	10.	10.
11.	11.	11.
12.	12.	12.
13.	13.	13.
14.	14.	14.
15.	15.	15.
16.	16.	16.

现在，你们已经知道今后该由谁负责哪些家务了。在 80/80 模式下，夫妻应该如何拿捏好处世与决断的分寸，即什么时候一定要坚持做到一件事（设定事务的优先级，并做好最重要的事），什么时候应该坚定地放弃一件事（找到底线，不容他人突破）。

THE 80/80 MARRIAGE

第 10 章

聚焦当下，不纠结

事业家庭难平衡，放弃不重要的，才能做好重要的

卡丽·多尔（Carrie Dorr）的人生完美得像一个童话。她在美国底特律长大，从小就想成为一名律师，但心底里也有着一份对健身和舞蹈的热爱，有时更甚于当律师。多尔毕业后，进入了一所律师事务所工作。但她没放弃心中挚爱，业余时间会去当舞蹈老师。一天，她从律师事务所辞职，彻底离开了法律行业，转身开了一家属于自己的健身和舞蹈工作室。

多尔的健身和舞蹈课程深受学员的欢迎，工作室的规模开始壮大，从 1 家变成了 2 家，而后扩张到了 10 家，最后达到 500 家。她认为健身和舞蹈可以结合起来练，开发出了一种基于芭蕾舞的有氧运动，即现在赫赫有名的“芭蕾把杆健身”。它已是一种风靡全球的运动流派。

多尔的创业之旅走了 11 年，才达到如今的境界。回首往昔，举步维艰，一路充满心酸与劳苦。但她觉得创业的苦远比不上婚后的大挑战，她与丈夫弗

兰克一起养育 3 个孩子，且孩子们在年龄上的间隔不到 3 岁。多尔描述的生活是这样的："我好像端着一个大碗，里面放着我所有的精力。每天，婚姻、育儿、事业都要从这个碗里分走一杯羹，消耗一部分精力。"

一大碗精力走天下，向来就是人们的人生剧本。20 世纪 50 年代，丈夫和妻子各端着一只装满精力的碗。但他们的生活中没有那么多的消耗源：不需要夜以继日地工作，无须 24 小时网络在线，没有爆炸的新闻信息等着去读，没有此起彼伏的未读提醒与消息推送，也没有莫名其妙的销售发来没用的推销信息。那个时代，更不会逼你时刻拿出手机来刷朋友圈，勾着你的目光，不停地逼你品鉴别人的人生是多么精彩纷呈。

现代人的生活环境极度辛苦、嘈杂，所以很多人，如多尔，根本平衡不了也安排不好各项事务的轻重缓急。更惨的是，你明明已经自顾不暇了，却还要担起养育孩子的重任，简直是忙上加忙，累无止境。多尔形容道："有了孩子后，最难的事情就是找到时间与丈夫相处，聊聊心里话。没完没了的家务已经吸走了我碗里的全部精力。在生小孩前，精力还算充足，我姑且能经营经营婚姻，和丈夫时不时说说话。那时，我尤其喜欢让他聊聊他的父亲、兄弟等人。但现在，每天要处理的信息实在太多，顾了这头就顾不上那头。有时候，我脑子仿佛都跑不动这些'程序'了，整个人简直要卡住了！"时间不够远不是多尔一个人的苦恼。在采访过程中，我们最常听到的就是大家抱怨时间不够用。太多的人在表达"时间这么少，但要做的事却又那么多！""我快绷不住了！""事情太多了，我们永远都做不完、搞不定！"

生活中没有全能赢家

我们所接受的社会文化向来崇尚个人成功。但最近这几十年，大众的期待有些极端，甚至是病态了。成功俨然被重新定义了，用一个词来总结——全能赢家。

曾几何时，一个人但凡能做好一件事就足矣，已是赢家。你可以是才华横溢的作家，或传奇的运动员，或启迪才智的好老师，或功成名就的企业家，也可以是一位尽心尽责的全职妈妈或全职爸爸。自从 50/50 模式席卷而来，一个人深耕一件事、做好一件事已经不够了。社会文化给人们立下了全新的目标——每个人都要成为没有死角的全能赢家。

这种任性的期待在女性身上体现得尤为明显。正如格洛丽亚·斯泰纳姆（Gloria Steinem）所说："女性可以走出家门，获得一份全职工作了。但有个前提，女性得先把家里面的家务做好，而且还是无偿的。女性每天要给家人做三顿大餐，亲手带大孩子，还要时刻注意形象，打扮得光鲜亮丽。一本女性杂志曾把这种生活形容为'身为女人，你必须身兼数职'。"① 这种责备求全让职场女性抬不起头来，总觉得自己愧对家人，同时也让全职主妇暗暗感到恐慌，生怕错过了职场发展，叫人看轻。女性开始意识到，内外兼修、无所不能才是真的成功——必须获得所有项目的满分，而且看上去毫不费力。

当然，全能赢家的风潮也没有放过男性。2020 年，有位"网红"在网上发文写道：

> 隔离结束时，你必须已经：
> 学会了一项新技能，
> 开始了一项新副业，
> 积累了更多的知识。

尽管经济持续衰退，但你还是得开始一项副业，练出六块腹肌，读完亚里士多德的全部著作。你凭什么做不到？你可是全能赢家！

---

① Gloria Steinem, "Commencement Speech to the Class of 1998," Wellesley College, 1988.

这种野心带来的压力是：人们不可能给所有事情安排好先后顺序。当 80/20 模式“一统江山”时，夫妻中有一方（通常是丈夫）负责外出工作，另一方（通常是妻子）照顾孩子和打理家务。丈夫们哪怕不够顾家，也不会太自责。妈妈们不会为了某个工作会议而错过孩子的运动比赛，毕竟本来也没有什么工作会议需要女性参加。每个人都很清楚每件事的职责所在及其轻重缓急。

现在不同了，毕竟你是三头六臂的全能赢家，所以每件事都举足轻重。哈佛商业出版公司的总裁霍华德 · H. 史蒂文森（Havard H. Stevenson）做了个绝佳的类比：这种一定要同时扮演好所有角色，把所有事情都做到最好的抱负就像“在走平衡木的同时，抛接一个鸡蛋、一个玻璃杯、一把小刀，以及其他无数的易碎品和危险品”。① 简单地说，要同时做好多项事情，成为全能赢家简直就是个神话。

抓大放小，做自己生活的主心骨

说到这里，相信大家都能接受这两个观点：第一，生活中没有全能赢家，尤其是成为父母之后；第二，必须学会给各项事务或事业设定优先级顺序。狠抓每一件事的结果可能就是哪件事都抓不好，甚至抓不住。

苏珊是一位女性受访者，她说：“我曾经是个生活的全优生，任何事情都能得到满分。但现在的我快撑不住了，身边所有人（丈夫、孩子、下属）在我身上看到的都是不够好，达不到及格的标准。”

听了苏珊的话，我们很震惊，一个人怎么可能三百六十度出错呢？但随着交流的深入，我们愈发悟到，人生应做到充满大智慧的取舍和接纳，放下完美情结。

① Stewart Friedman, Elizabeth Grace Saunders, Peter Bregman, and Daisy Wademan Dowling, *HBR Guide to Work-Life Balance* (Cambridge, MA: Havard Business Review Press, 2019).

苏珊让我们明白了一个道理，校园里可以有全能优等生，但生活中没有学霸。生活是一所超级学校，你一旦进入，它就会给你排上一百门课，且每门课都是不分昼夜地上，分分秒秒都有新内容，让你不得喘息。你要想拿到所有科目的高分，得先看看每个课程简介，掂量一下自己需要付出多少努力才行，如职场训练课、完美爱情导论、当代超级育儿基础、每日健身与健美高级教程、老人护理进阶课……

且慢，在此基础之上，你还有个大难关要攻克：课程之间是互斥的，得到1～2门课的A意味着你在其他课上注定拿不到A了。假设你发誓要在职场上闯出一片天，那么你就必须接受所有的出差和加班，放弃周末和节假日。在公司里，你运筹帷幄又谨言慎行，生怕行差踏错一步，就被人抓到小辫子。你是如此的兢兢业业，哪里还能出席孩子的儿童棒球比赛、学校活动、钢琴表演？很遗憾，职场的好成绩就会对冲掉家里的好成绩。以此类推，你也可能想当一个好家长，于是积极参加家委会的工作，从和面开始为学校的烘焙义卖烤香蕉面包，一趟趟地接送孩子往返于各个比赛和演出现场，为孩子们约玩伴，尽心尽力地当好班级轮值家长代表。在养育孩子上，你拿到了满分。但这也挤占了在职场上的发展空间，让你再难拼到事业上的好成绩。

当代人实在是太辛苦了，人们就是无法做到在生活中的每门课上都当尖子生。更实际的是，如果不好好安排各科的优先顺序，人们甚至连一门课都修不好。如果人们心中没有轻重缓急的概念，就可能被生活的洪流裹挟着盲目乱窜。毕竟主流文化毫不心疼当代人们的艰辛，它喜欢的是全能赢家。在主流文化下，任何失败都是罪过，都要扣分，让人们感觉每扣一分都要反省，无能为力之感，让人几近崩溃。而人一旦被混乱和压力击垮后，自然便无余力再振作起来，更无从谈起科目优先级的确定。在这种情况下，不少人对婚姻生活唯唯诺诺，试图眉毛胡子一把抓，想要四面讨好，却根本讨不着好。

这一切还有救。你凭什么不能拍着胸脯告诉自己，即便得一两个高分成绩也是婚姻中的优等生呢？为什么不追随内心的声音，找到真正在乎的一两件事，不求八面玲珑，但求在这两件事上全力以赴呢？

我们建议的原则是抓大放小，先找到个人最想做好的几件事，集中注意力做好这些就行，至于其他事情，你坦然接受结果就好。这个原则听起来有些不可思议，但它却能让无数人从拼命争取各项全能中解脱出来。你如果确定职业发展这门课的目标是 B，那么就无须再为工作拼死拼活了。家校联动课，如果你觉得拿个 D 也可以，那么在筹备年末的班级聚会时，放心大胆地去商场买几包饼干交差就好。比上不足，比下有余。毕竟 D 级都拿不到的父母恐怕连包饼干都懒得带。正是几门课看上去“惨不忍睹”的成绩释放了你宝贵的时间与精力，让你可以全神贯注地解决真正重要的且想要做的事情。

当然，你可能会在心里嘀咕：“我已经够忙了，哪还有工夫去排优先级的顺序啊？”如果你不给自己当生活的主心骨，凡事没有设定底线与边界，那么你的生活就得由朋友、同事、亲戚，甚至素未谋面的陌生人来主导了。格雷戈·麦吉沃恩（Greg Mckeown）在他的著作《精要主义》① 中说：

> 你不给自己的生活设定优先级，那么别人就会帮你定。

你亲自给所有事情的轻重缓急拍板，才能掌控整个人生；你清楚哪些事情无关紧要，才能大胆地允许自己进行战略性收缩，并坦然面对它们的失败；在最在乎的事情上，你才能拼尽全力，不留遗憾，最终让梦想照进现实。

怎么给生活复盘，并与伴侣打好配合战，一起确定各项任务的优先级呢？下面这个小工具“人生成绩单”或许就能帮到你。“人生成绩单”会引导你理清思路，看看要在哪些事情上竭尽全力，哪些事情其实输了也不怕。

---

① 格雷戈·麦吉沃恩倡导摒弃琐碎而无足轻重的生活，过重要而有意义的人生，他的《精要主义》中文简体字版已由湛庐引进并策划，中国财政经济出版社出版。——编者注

80/80 实操练习

人生成绩单

这次训练的目的是全方位地复盘婚姻生活。首先，要给各种事务，即“科目”打分，这个分数体现着现阶段在这些事务上投入的时间与资源。打分必须客观，不要对分数做任何调整。其次，再给这些科目打一个理想分，也就是目标分数。为科目打的理想分不可太高，重要的是让理想分反映出夫妻的共同价值，以及共赢目标的思考。

技巧 1：放下完美情结

请记住，不必当婚姻生活中的大学霸，追求全科满分。毕竟全能赢家本就不可能存在。你只需要找到 1 ～ 3 项自己最想做好的事情即可。

技巧 2：做好接纳失败的准备

为科目打理想分时，千万别怕给低分。有些科目注定就是配角，即便给出 C、D、F 也没关系。只有战略性地放弃一些科目，你才能释放出更多的精力把婚姻生活中最重要的一两件事情做到最好。

技巧 3：制定个性化的人生成绩单

请填写“你的人生成绩单”和“伴侣的人生成绩单”。若清单中不能涵盖实际情况，请在空白处补充。要求夫妻各自填写自己的人生成绩单。

第 1 步：填写你和伴侣各自的人生成绩单

你的人生成绩单

科目	实际分 A：满分 B：优秀 C：一般 D：较差 F：不合格 N/A：无此项目	理想分 A：满分 B：优秀 C：一般 D：较差 F：不合格 N/A：无此项目	备注 如果某科目的实际分和理想分不一致，请思考该怎么做才能相应地提高或降低它的优先级
家务			
育儿			
事业			
性格			
个人成长			
友情与亲情维护			
二人世界			
社群生活			
精神生活			
旅行			
健身			
学习			
休闲			
生活采买			
得 A 的科目总数（建议 1～3 个）			

伴侣的人生成绩单

科目	实际分 A：满分 B：优秀 C：一般 D：较差 F：不合格 N/A：无此项目	理想分 A：满分 B：优秀 C：一般 D：较差 F：不合格 N/A：无此项目	备注 如果某科目的实际分和理想分不一致，请思考该怎么做才能相应地提高或降低它的优先级
家务			
育儿			
事业			
性格			
个人成长			
友情与亲情维护			
二人世界			
社群生活			
精神生活			
旅行			
健身			
学习			
休闲			
生活采买			
得A的科目总数（建议1～3个）			

第 2 步：对比两个人的人生成绩单

对比两个人的人生成绩单，确保科目整体的优先级设定有利于实现共赢目标。你可以和伴侣一起过一遍表中的科目，分别查看它们的实际分与理想分。每个人的人生成绩单都反映着心目中各件事情的轻重缓急。我们最希望看到的是，两个人的人生成绩单合起来能为共赢目标服务。想做到这一点，就要先翻出上一章的练习结果，复习一下你们的家庭价值是什么，以及共赢目标是什么，然后思考下面的问题。

- 为了实现共赢目标，需不需要进一步加强已经得到 A 的科目呢？
- 为了实现共赢目标，要不要被放弃现在做得马马虎虎甚至不合格的科目呢？

万一你发现优先级设定与两个人的共赢目标相违背，该怎么办？万一你发现伴侣设定的优先级有很大的问题，又该怎么办？这说明双方需要就此进行有效沟通，并调整各自的优先级设定了。别担心，尽管你们有不同的优先级设定，但这个练习的目标本也不是要把两个人的优先级设定改成一模一样，它的目标是通过协调和融合，让家庭整体的优先级设定能为共赢目标服务。

技巧：保持 80/80 模式的思维方式

你们也许还会有不同的意见，甚至被对方激怒，此时，别忘了适时的“描述事实 + 提需求”，别忘了时刻给予对方极致的慷慨。

THE
80/80
MARRIAGE

第11章

学会说“不”，爱自己

勇敢拒绝，给婚姻减负，也给自己减压

本章开始，我们想先用一个例子来说明婚姻中的人们如果不懂拒绝，得有多少事情要去处理。

在一个中产家庭聚集的社区里，一对很幸福（至少看上去如此）的夫妻就居住在这里。他们养育了两个孩子，住在一座装修漂亮的房子里，还有一笔充裕的存款，让这个家庭没有危机感。每年的圣诞节，夫妻俩都会给亲朋好友寄去精美的家庭贺卡，上面印着全家福照片，照片中的每个人笑靥如花。看到这样的全家福照片，你会觉得这个家真是生活的宠儿。

这对夫妻依据共赢的目标给生活中的各项事务制定了清晰的优先级：工作上希望拿到B，但育儿和增进夫妻感情方面都要拿A，其他事情就随缘吧，C、D甚至F都无所谓。不过有个小问题迟迟未能解决，一直让他们痛不欲生：夫妻俩都不懂拒绝。

当全家一起玩牌时，丈夫突然接到上司发来的信息，问一堆工作上的问题。只要上司的信息一来，丈夫就得拿起手机离开牌桌，十分钟后才把问题答复完毕。毕竟好员工就是这么响应迅速，尽职尽责。妻子在给孩子的球赛助威时，也会接到同事打来的电话。她往往立刻接起电话，然后花上二十分钟的时间跟同事聊聊职场八卦。毕竟想要处理好同事关系，电话应酬必不可少。

有时，双方父母会打来电话，都希望今年能跟夫妻俩多团聚一个星期的时间。两个人当然不会拒绝父母的邀请，毕竟孝顺的成年子女就是该招待好父母的长时间来访。有时，夫妻俩在某个海滩度假村，想要享受一年一度的二人世界，却碰巧发现好友也在附近。于是他们便推掉甜蜜的二人晚宴，去和朋友聚餐。毕竟面对亲密的朋友，他们认为就该这么取舍。

每当他们处理完突发事件，就会感叹事情不太对劲：“我们明明说好了，育儿和夫妻陪伴才是最重要的事。但怎么前者只能拿到 C，后者甚至只能拿到 F？为什么我们成天累得要死要活，却还是过不上想要的生活？”

这对夫妻的情况并不是特例，有太多对夫妻陷入了这个困境，我们就在其中。想必你们也很难逃脱，从某种程度上讲，世间所有的夫妻都不能逃脱。

婚姻外的第三方势力

光有一套清晰的科目优先级设定还不够，学会拒绝才行。夫妻要设定明确的底线，以对抗各种任务、项目、诱惑，以防大量的时间和注意力被侵蚀吞没。一旦有些事情越过了底线，就一定会伤害共赢的目标。原则是学会张弛有度，该同意的要坚决同意，该反对的也要掷地有声地反对。

事实上，同意一件事情是很简单的，但拒绝的话却很难说出口。你的上司可能对你说："我知道下周是你们的结婚纪念日，所以你们要外出度假。但有一个电话会议，我特别希望你能参加，就耽误半小时时间。你在泳装外面随便裹件衬衣，在线出席一下就好。你看可以吗？"在这种情况下，同意当然比拒绝容易。你的亲戚可能对你说："劳动节的周末，我们都想来你家玩。"这时同意当然也比拒绝好说出口。你的邻居可能会说："咱们两家花园之间的围栏还是你几年前装的呢。我今年想把这个围栏升级一下，换成高级的红杉木。你能不能跟我一起分担这个成本，付一半的钱呢？"此时还是同意比拒绝要简单多了。

仔细分析，你就会发现，别人提的要求可以被分为以下三类。

邀请

"星期六晚上，我邀请你们来家中做客，咱们一起吃个晚饭吧！你们有兴趣吗？""我们出席了一个展会，你要不要飞过来做个演讲？""这个星期四，我们公司有个募捐活动，你想不想来转转？"这些都属于邀请——听上去十分真诚，你接受提议并花点时间完成这些事情真是利人又利己。有时，这些邀请其实和你的优先级设定是一致的。所以你想都不用想，直接点头就好。但有时两者却是相背离的。原本你和丈夫决定星期六晚上共进晚餐，享受二人世界，朋友再邀请你们聚餐，就与初衷不符。参加展会和参加孩子的学校才艺秀有冲突，你又该如何抉择？如果你想都不想，只会一个劲儿地点头，那么你可能会付出相当惨烈的代价：破坏自己亲手定好的优先级顺序。

请求

"我知道你最近特别忙，但下周我真的想跟你喝个咖啡聊一聊，半小时就好。可以吗？""我做了份演示文稿，能不能请你给我提点意见？""我们想从车库里搬出几件大家具，你能过来搭把手吗？”这些话就属于请求——你为此付出的时间和精力主要是为了利他，而非利己。有些请求可能符合你之前定好的优先级顺序，有时，它们确实也不难做，举手之劳而已。你的善良真的能为别人创造价值。但如果你频繁地接受他人的请求，为此耗费太多的时间和精力，当然就没有余力再去做好你真正想做的事了。

命令

“你们已经三年没来陪我们过圣诞节了，今年的圣诞节可一定得来。”“下个月在洛杉矶举行的会议我去不了了，你帮我负责一下吧。”“你已经是业主委员会的成员，请务必参加星期三晚上的会议。”这些就是命令——没什么商量的余地，几乎是在强制要求你付出时间和精力来配合。有时，这些命令确实合理，你该服从。我们要再次强调，若你过分地顺从、没有底线地退让、永远不好意思说出“不可以”，都可能让你之前设定好的优先级成为一纸空谈。

拒绝邀请最轻松，拒绝命令则最困难。不过对于大多数人来说，任何一次拒绝都不会太容易，时间和精力总是莫名其妙地便被拨了出去，“便宜”了别人。道理很简单：如果只看当下的效果，点头同意当然比明确底线并拒绝对方更能讨着好。你四处播撒善意，别人自然也投桃报李。从此，你随便说个笑话人家都会捧场大笑，别人看到你就满面春风，逢人便夸你有情有义。这些场面看上去和谐极了！你成了众人口中珍宝般的好朋友、好邻居、好同事。

如果你坚持原则，拒绝触碰自己的底线去讨好别人，那么又是另外一番景象了。你自己可能会觉得对不起朋友、同事、亲戚。被你拒绝的人的表现也一定会印证你的担忧，他们会让你知道他们有多么失望、难过。这些人还可能会给你个不爽不快的表情，或用阴阳怪气的语气和你对话，找到机会就跟别人吐槽你是多么小气和冷酷。你已经向他们摆明了态度：自己的目标和节奏比他们的需求更重要。在他们的心中，你当然只配得起一句话："哟！你竟然敢这么不给面子！"

亮明自己的底线，有时很容易，有时也很难。有些人或情况对你的决策体系本就没有多大的影响力，拒绝他们易如反掌。例如，不常见面的朋友、八百年难得一聚的亲戚、极少说得上一句话的同事……这些人和你的婚姻体验之间真的没有关系，无论如何也不可能左右到你的状态，所以你可以从容地说"不"。

有些人或情况，你就无力招架了，很难明确地画条界线，禁止他们"入侵"。作家、婚姻治疗师斯坦·塔特金（Stan Tatkin）称这些人或情况为婚姻中的"第三方势力"。第三方势力可能是自己的父母、孩子、亲戚，也可能是好友、联系密切的同事，甚至还可能是一些仪式或活动。总之，能对你施加极大的影响，拖拽住你追求共赢目标的人或事物，就是来自婚姻外部的第三方势力了。[①]

第三方势力通常意识不到自己在侵犯他人的领地。一般说来，他们会和婚姻中的一方比较亲密，而和另一方相对疏远。所以第三方势力认为自己邀请你聚餐或一起出去旅行，都谈不上打扰或过界，认为这只是在联系一个重要的人，向对方表达关心与体贴罢了。

为什么一定要警惕第三方势力呢？首先，你和伴侣如履薄冰地维护着彼此之间微妙的权力平衡，但第三方势力与你是如此的亲密无间，他们有可能入侵并打破你和伴侣之间的权力状态。举个例子，你们用了几个月的时间，多方打听并仔细分析了一番后，终于给孩子定下来一所理想的学校。当你们正打算签署入学协议时，你的婆婆或岳母（这是与你们来往极为密切的第三方势力）却

① Stan Tatkin, *Wired for Love* (New York: New Harbinger, 2012), 119–138.

对此指手画脚，想让你们改换学校，换成一所离婆婆或岳母家比较近的学校。

你们之间必然会爆发一场史诗级的矛盾，因为第三方势力公然侵犯了你们的精神领地，影响你们实现共赢目标。你们本来是一支团结的篮球队，彼此配合着向着篮筐挺近，但球场上却突然冲进来一位球迷，他突破了观众席的围栏，径直跑向场中央，把正常比赛搅成了一锅粥。

之所以要小心第三方势力，还有另一个原因：一旦你心软退缩，守不住自己的底线，他们可能会得寸进尺。父母、孩子、朋友、同事等，每个人都有自己的优先级设定。他们当然期待你能匀出宝贵的休假时间去看他们，当然希望你放弃和伴侣的约会而去参加他们的聚餐，当然愿意你在旅行中抽出时间来和他们打一个特别重要的工作电话。这些人没有恶意，初心绝不是伤害或毁灭你。他们只是有自己要追求的利益，当然想让你处处妥协周全，满足他们的需求。

如果你放弃底线，时时迎合这些第三方势力，最后的结果就是他人得偿所愿，皆大欢喜，但你和伴侣就得默默承受这一切了。得到的可能是自己最不想要的东西：满身怨气、被背叛后的失落，以及由此带来的矛盾与争执。

你需要打起精神来，小心应对这些第三方势力。他们可能会从婚姻的外部施加巨大的压力和影响，且让你不好意思或不忍心拒绝。遇到难以推脱的人或事时，你就要提醒自己这是遇到第三方势力了。虽然他们也是爱你、关心你的人，也在尽全力地呵护和亲近你，但是请坚持你已经设定好的优先级顺序，对这些阻力和干扰说“不”，以维护自身和家庭的稳定。

拒绝的艺术

怎么才能最有效地亮明你的底线？拒绝他人时该怎么组织语言？对于本来

就容易拒绝的人或事，我们有下面几种策略供参考。

- **展示你的优先级顺序。**你可以直接拒绝对方，并解释清楚为什么他的要求不符合你在现阶段设定的优先级，甚至还有碍于实现夫妻共赢。你可以斩钉截铁地告诉对方拒绝的原因，这份坦率也许还能让对方深受启发，开始反思他自己的优先级设定。你可以这样说："我们很想参加你举办的烧烤聚会，但我们已经几个星期没有享受过二人世界了，这次的约会安排不能再改了。对不起。"
- **延时答复。**你不必立刻给出肯定的答复，可以这样回复："我不太确定这个周末家里是否有安排。我先确认一下周末安排，晚些时候再回复你，好吗？"
- **提供替代方案。**你可以找到一个更有利于自己优先级设定的方案，把这个方案作为答复给到对方："今晚我们没法参加聚会，再找个周六的早上，咱们两家人一起出去散个步，怎么样？"①

如果你面对的是那些难以拒绝的人或事，即搞不定的第三方势力，那么你要面对的局势就复杂了。你也许一不小心就忘了及时跟伴侣分享进展和决定，于是引发一场家庭内的争论。你们的兄弟姐妹、朋友、婆婆或岳母都不是好伺候的角色，他们的很多要求极易引起你和伴侣之间的对立。应对这种场面，我们提供的建议与之前略有区别。

- **第 1 步：一定要延迟回复。**面对来自第三方势力的要求时，你绝对不能自己直接做决定，跳过与伴侣商议的环节。让你忽视伴侣是第三方势力能从外部给婚姻施加影响的最主要手段。当你收到了一个很难处理的邀请、请求或命令时，你一定要沉住气，并

① 如需深入探讨底线问题，以及获取更为详尽的拒绝策略列表，可查阅《精要主义》.

可这样说：“我回去和妻子 / 丈夫商量一下，稍后回复您。”

- **第 2 步：从共赢立场出发，好好探讨应该如何决断。**夫妻要有时间仔细思考为了实现共同的目标，该怎么回复第三方势力。
- **第 3 步：一致对外。**一旦下定了决心，有了明确的答案，你们就必须坚定不移地站在统一战线上，一致对外。当然，最糟糕的情形就是一方“背叛”另一方，自己去扮演“老好人”的角色：“哎！你知道的，我肯定想过来周末聚会，但我的老婆不想啊，她有其他安排。”这么回复，一定会让夫妻之间又起波折。

不论局面难易如何，你们的目标都不能变——勇敢设定底线，不容他人挑衅底线，保护好已设定的优先级顺序。

拒绝能带来自由

和我们所有人一样，杰夫·斯马特（Geoff Smart）也深知设定底线有多难。他是一位畅销书榜单上的作家，也是企业雇佣战略领域中最炙手可热的专家。每天的邮件和电话如排山倒海般向他袭来，这些信息包括条件丰厚的邀约、恳求他的帮助、死命求他赏脸的聊天局……杰夫和妻子劳伦养育了 7 个孩子。可想而知，家庭和事业都压在他的肩头，让他时不时就感到腹背受敌。杰夫如果迎合每个电话或每封邮件的要求，肯定就留不出多少时间陪妻子和孩子们了。当然，他也可以拒绝掉这些诱惑、恳求，亮明底线，守护好最优先的事务：陪伴家人。

杰夫还是一位研究人类行为的专家，他知道“陪伴家人”这四个字做起来比说起来难太多了。于是，他设计了一个非常精妙的“控制与平衡”系统，用于记录和提醒自己每件事的进展情况，还剩多少时间、精力、资源可用，否则他绝对没有办法做到优先陪伴家人。他向我们解释道："职场上的人多半会被工作牵着鼻子走，他们口中的'协调一下时间'基本上都意味着牺牲业余时间，向工作倾斜。我要求自己反着来。我的日程表里锁定了几个时间段，专门用于陪伴家人。如果哪天日程安排实在太紧凑，我也一定会保证家庭时段不受影响，要牺牲就牺牲工作时间吧。"

杰夫与劳伦设计了一个专属于家庭的日程表。日程表中被锁定的几个时段都是为夫妻相处或全家团聚而设定，不允许更改。杰夫与劳伦曾经都放弃过非常好的职业发展机会，在事业上做出过极大的牺牲，为的就是保证有更多的时间可以陪伴家人。对他们来说，家庭才是最重要的，最值得花时间去经营。两个人的人生轨迹会因此改变，但有着非凡的意义。因为唯有如此，才能守住底线，护住自己最想护的人和事。

与"全能赢家"的潮流信仰比，夫妻俩的战略的确有得也有失。但他们坦然接受一切结果，明白人生不可能"既要、又要、还要"，有些事情的成功就是建立在对另一些事情的妥协之上的。杰夫对我们说："有时候，做决定真的很痛苦。当你优先选择家庭时，你就知道自己接下来的收入一定会变少，也明白，将来的职业发展会因此受阻。但这个世界的玩法就是如此。"杰夫和劳伦是典型的家庭优先式夫妻。在他们心中，陪伴彼此以及照顾孩子比其他任何事情都重要，家庭处在他们价值链的顶端。每对夫妻都有自己的境遇与考虑，要为自己设定底线和优先级。

从杰夫和劳伦的例子中，要学的不是应该优先考虑什么，而是怎么落实已设定的优先级。人们都希望按照自己的意愿过一生，希望优先完成自己最想完成的事，这就必须守住自己的底线，学会拒绝他人，并理性地看待和接受由此带来的代价：或许会错过难得的工作机会，会惹恼亲友，甚至会与朋友绝交。

拒绝的过程不易，但别忘了它能带给你的好处。它让你摆脱了以下的场景：你已经对伴侣说过无数次要去美国阿拉斯加度假的愿望，但永远迈不出第一步；你一直向孩子承诺看他参加的每一场足球比赛，但错过了一场又一场，直至最后一场都没赶上；你信誓旦旦地说要好好健身，却因为有太多的事要做，而把它忘在了脑后。我们每个人的底线多少都失守过，因为我们着实无法逼自己下这个狠心让他人非请勿进，让诱惑自行退散。当代的行为规范让每个人都在半推半就地迎合讨好，骑虎难下地微笑点头。生活在推着我们言不由衷地说出一个个“没问题”，并把那些“我做不到”和“这不可以”生吞下去。我们必须振作起来，设计一个强有力的体系来守护夫妻俩想共赢的目标，让自己活得坚定执着。

我们在此介绍一种方法，帮助大家进一步复盘现状。请在心里把婚姻想象成一艘小船。小船的最大载货量是一定的，超载的后果就是沉船。婚姻也是同理，哪怕是一对神仙美眷，如果双方不计边界地迎合他人需求，那么婚姻的小船也是说沉就沉的。想要保护好婚姻中最宝贵的财富，你就要好好检查一下婚姻小船上的货物品类是否合理，该留的可以留下，但不该留的要坚决丢到海里。

80/80 实操练习

盘点婚姻小船上的货物

先要把婚姻想象成一艘小船，接下来要思考两个问题：第一，现在小船上有什么？第二，你需要的、在乎的是什么，无所谓，甚至厌恶的又是什么，你的底线在哪里，哪些东西不许再留在小船上了？

第 1 步：检查婚姻小船上有什么

请和伴侣一起检查一下此刻婚姻小船上都承载着哪些货物。你们可以画出各种货物的相对大小，或在外围附加一个方框，用来表示它在生活中消耗了你们多少时间和精力。下表是婚姻小船上常见的货物名称，涵盖了大多数人都会遇到的活动、情景或事务。

事业发展	自我呵护	照顾年迈的父母
精神信仰 / 宗教活动	阅读	园艺与庭院养护
维护夫妻共同的好友	学习新技能	玩手机或平板电脑
与自己的好友聚会	丰富经历	看电视 / 电影
陪伴双方父母	兴趣爱好	探索自然
家庭旅行	社交或商业活动	独处时光
其他旅行	社区服务	休息
运动	孩子的各种活动	睡眠
收支管理	烹饪	精神疏导 / 疗愈
投资理财	准备礼物	个人成长

现在你们可以一起检查一下货物清单了，并分析：

- 哪些货物装得太多？
- 哪些货物装得还不够？
- 哪些货物该扔掉？

技巧 1：共赢精神

时刻牢记你们共同认可的价值，用共赢精神指导工作。

技巧 2：极致的慷慨

讨论各种货物是否要从小船上清除时，你们要一直提醒自己别忘了 80/80 模式的思维方式。

第 2 步：想象各种货物的理想存量是多少

现在请大胆想象一下，如果这个世界上真有一艘属于你的婚姻小船，承载的各种货物完全符合你的优先级设定。这艘完美的小船应该是什么样子的呢？如果你勇敢地把那些没有意义的人、事、物丢出去，绝不允许它们压沉婚姻小船，那么最后，婚姻小船上还会剩下些什么？与上一步类似，你和伴侣可以画出或写出放在小船上的理想货物，并标识好它们的大小比例，即存量。

第 3 步：要让完美的婚姻小船驶进现实，你需要划出几条生活底线

这一步的目的是让你把前两步的成果应用到现实中。你要和伴侣一起为生活设下底线，以 3 ～ 5 条为宜且每一条底线都必须是清晰且可行的。接下来，请你和伴侣用心保护好婚姻小船，让它不至于被压沉。

底线 1 ______________________________

底线 2 ______________________________

底线 3 ______________________________

底线 4 ______________________________

底线 5 ______________________________

读到这里，你现在应该已经知道在哪些场景中、在什么时刻要勇敢地拒绝第三方势力的要求了，如此才护得住共赢目标。既然设下了生活底线，就不要去突破它。在实践过程中如果遇到困难，我们建议你用下面两点道理支持自己走下去：第一，设定清晰的生活底线，是为了保护共同认可的价值，实现共赢目标；第二，尽管第三方势力会时不时不爽，但多半的人还是会渐渐明白你和伴侣为维护婚姻付出了多少努力，这一切都是值得尊重的。

THE
80/80
MARRIAGE

第12章

家中“掌门”轮流上岗
让权力流动，纷争自会偃旗息鼓

运营一个乐队与经营一场婚姻有很多的共通之处。乐队成员要长时间地在一起生活，四处旅行、演出。大家会时而争执，甚至大吵大闹。跟婚姻中的夫妻类似，乐队成员也要想办法优化权力结构，去填平个人成功与团队成功之间出现的沟壑。

我们来看看英国皇后乐队已故主唱弗雷迪·默丘里（Freddie MerCay）的故事。默丘里一直是乐队的招牌，在演唱会上永远占据中心位置，独享最耀眼的聚光灯。在乐队发行的唱片封面上，他也一定是坐在最中间的人。在歌曲的版权收入上，他拿到的分成也远超他人。

这种失衡的权力结构是被人为设计出来的。多年前，默丘里单方面决定了一条简单的分配原则，由此也决定了乐队成员们的权力强弱。该分配原则多年未曾改过。研究摇滚历史的专家马克·霍金森（Mark Hodkinson）说：“默丘里带着他一如既往的傲慢与霸道向乐队成员们宣布每首歌的词作者就是这首歌的'作者'。"[①] 乍一听，这个规则也没什么问题。但要知道，在默丘里设定的规则下，作者不仅能获得这首歌挣来的荣誉与声望，更能在收入分成上占得大头。每首歌的一半收入要拿出来交给作者，其他成员分剩下的一半收入。

默丘里和吉他手布赖恩·梅（Brian May）对此没有意见，因为乐队在早年间的热歌几乎都是他俩写的。鼓手罗杰·泰勒（Roger Taylor）和贝斯手约翰·迪肯（John Deacom）写的歌少，所以收入分配就少。对乐队的整体发展来说，该分配原则是弊大于利的，让成员之间的关系非常紧张，彼此间争斗不断。默丘里在自己生命的最后阶段也承认："按词分配收入让我们之间起了很大的嫌隙。就因为这个制度，乐队成员们很久都不愿意再合作写歌了，每个人都情愿独自打拼。"[②]

大家做了一个重要的决定：按词分配的规则可以终止了。回首往昔，布赖恩不禁感叹道："默丘里和我一直在压榨泰勒和迪肯。我们是歌曲的主要创作人，忽视了他们的存在与需求。好在如今，一切都公平了。"[③]

皇后乐队的故事说明，一些看上去没什么大不了的权力游戏竟然能对整体产生如此之大的影响，把共赢精神压得粉碎。乐队在早年间的权力分配逻辑就是个人至上，推崇成员个人的成功。他们信奉的是：我赢，你就输。换言之："如果我写的歌雄霸了畅销榜，那么我就发大财了，而你只能陪跑。"当分配规则更改后，成员们的心又拧到了一起，权力的分配逻辑终于向共赢精神靠拢了。大家开始相信：我赢的时候，整个团队都在赢。

---

① Mark Hodkinson, *Queen: The Early Years* (New York: Omnibus Press, 2009).
② 同上。
③ "Queen: The Music. The Life. The Rhapsody, " *Life Magazine Book* 18, No. 22 (2018).

权力可能有很多副面孔

与经营摇滚乐队类似，婚姻的世界里，如何设计权力结构，使之为共赢目标服务也是个至关重要的问题。

权力在婚姻中有哪些表现呢？如果你正处在失衡的权力结构中，对方就会给你一种操控感。这里的对方指的是将与你共度一生的伴侣，也是让你感到被欺负、被打压的人。

我们在采访时，还发现了一个有意思的现象。很多人不好意思跟我们聊他们婚姻中的权力分配体系。我们请受访者谈谈自己在婚姻中经历过哪些形式的权力失衡。大多数的受访者会闪躲和回避这个问题。他们会说：“呃……我家还算平等吧，没这方面的问题。”但过不了两分钟，他们就会开口聊自己亲身体验过的权力失衡故事。在这些故事里，一方强烈地感觉自己被伴侣碾压、轻视或操控了。

要深刻理解婚姻中的权力机制，就要敢于把它摆到台面上，彻底看透它才行。通过下面几个故事，我们探知权力有很多副面孔。

第一个故事的主人公是本。本很会挣钱，收入是伴侣肖恩的 5 倍。经济上的巨大差距带来了病态的权力结构，给两个人的婚姻关系罩上了一层紧张的氛围。本形容道：“我和肖恩相处中，遇到的最麻烦的一个问题就是收入。我们共有一张联名卡。但肖恩每次用这张卡时，他就觉得自己是在向我索取什么。肖恩对此非常敏感，动辄就要维护自己的尊严，生怕别人觉得他是在不劳而获。最后，我们无法解决这个问题，不得不分手。”

接下来看看迈克拉的故事。她有一份非常高薪的工作，一直比伴侣收入高。受访时，她跟我们承认，自己有点恃“财”放旷。她说：“度假的地方一般都由我定。我心里真的在想：‘毕竟大部分度假开销都由我付，当然就该我来定度假地！’”

皮特和妻子刚结婚时，挣得比较少。突然有一天，皮特把自己创立的公司卖掉了，两人间的权力结构也逆转了。皮特告诉我们：“很明显，在我挣得更多之后，我们俩讨论家庭预算时的氛围就明显不一样了，我的话语权变大了。有一次我甚至脱口而出‘这是我的钱’。妻子立刻纠正‘不，这不是你的钱。这是我们的钱’。”

最后，我们再讲一下米歇尔的故事。米歇尔拥有几家美发店，收入远比丈夫多。“家中的大小事都得听我的，我的权力要大得多。由于某些原因，我特别容易被弱于我的男人吸引。”米歇尔也坦承，自己对强势的家庭地位其实是又爱又恨的。“我喜欢手握经济大权的感觉，但我也知道这给我们带来了困扰。我常常会困惑，为什么自己就不能稍微放下一点对权力的欲念？为什么不能对丈夫再尊重和温柔一点？”

上面的故事为我们展示了权力在婚姻中的几副面孔。在你的婚姻中，权力是以什么面孔登场的？你和伴侣因为失衡的控制权、话语权、财务状态，爆发过哪些争吵呢？

如果你想在共赢精神的指引下，与伴侣构建一个平衡的权力体系，那么这些问题就很值得你们深入思考。

权力的隐形表现

权力结构到底是什么？在本书中，它指婚姻中权力分配的状态，一般来说有两种状态：平衡的和失衡的。一个权力结构是平衡的，就意味着它符合

80/80 模式。夫妻有相等的话语权和否决权，在大事上可以一起拿主意。即便是要结束某段关系时，双方也都有能力抽身而出。健康的权力结构体现着制约与平衡的思想，鼓励夫妻双方一起做重大的决定，将正常婚姻带向共赢的方向。

一个失衡的权力结构意味着夫妻中总有一方强势，常常忽略另一方的诉求。强势一方习惯了独断专行，在言语和行动上处处控制着另一方，无论大事小事，通通都是自己说了算。强势方让对方连分手或离婚都不敢提。强势方的武断会有很多的表现形式，它可能很明显，也可能很隐晦，但最终的结果都是他几乎能在所有的事情上操控甚至是欺压另一方。①

我们举两个实际的生活例子，对此加以形象化说明。你买了一辆奢华版的山地自行车。之所以说它“奢华”，看它的配置就可以了。它有前后双减震系统，车身用到了很多钛合金部件，整车的重量轻至极限，一只烤火鸡都比它要重。你始终没有告诉伴侣买这辆车花了多少钱，你在支出方面隐瞒了一个重大信息，你们之间的权力结构就是失衡的。你买了这么贵重的一件物品，伴侣却连它的真实价格都不知道，当然更没法劝你三思而行了。

某个周末，你决定和大学时期的好友们一起去山间滑雪，还要在外面过夜。做决定之前，你全程没有跟伴侣商量过这件事，只是在临出发前才跟他轻描淡写地说了一声，让他做准备。那么，你们之间的权力结构也是失衡的。你在决定怎么过周末、与谁过周末时，完全没有考虑伴侣的喜好与需求。更糟糕的是，你只在临出发之前告知伴侣，你并不关心家里的一应事务，觉得甩给伴侣就行，而自己可以抬腿就走，从始自终处于心安理得的状态。

① “专断”权力会削弱“自由”这一观点，贯穿于政治理论的共和主义传统之中。若想了解关于将自由视为“非支配”的近期精彩论述，可查阅 Philip Pettit, Republicanism: *A Theory of Freedom and Government* (New York: Oxford University Press, 1998)。

在研究中，权力结构的一个特点出乎我们的意料。大家普遍认为失衡的权力结构是一方强、一方弱，且强的一方一直占“便宜”，打压另一方；弱的一方永远畏畏缩缩，只能配合对方的各种要求或冲动，卑微得像个仆从。在一些 80/20 模式的婚姻里，这种解读是站得住脚的。但我们发现，失衡的权力结构也可能是动态变化的：一方或许能强势一次，另一方稍后会反击。

这种权力争夺被称为“轮流坐庄制”。这意味着但凡一个人敢让伴侣有丝毫的不爽，伴侣都绝不会轻饶，找机会一定会全部还回来。吉姆与唐娜的故事就典型地反映了夫妻在权力争夺中的“轮流坐庄制”。在唐娜生第二个孩子时，她和丈夫决定修一座新房子。彼时，唐娜刚生完孩子还在住院中，吉姆独自挑好了新家的地段，选定了地皮后，才兴冲冲地告诉唐娜：“你看，这是咱们新家的房屋鉴定文件。相信我，这个地方绝对适合修新家。”

一切都很顺利，但有一点让唐娜非常难受——在整个新家的建筑过程中，她完全说不上话。吉姆像是给他自己修建了一座房子，而不是修建他们的房子。在建筑工程进入尾声时，唐娜便收回了主导权。唐娜心想：“既然新家的地段是吉姆定的，且他常常出差，待在家里的时间也不多，那么新家的内饰当然就该听我的了。”接下来，吉姆乖乖闭嘴，唐娜开始“指点江山”：厨房台面用什么材料，家具和灯怎么选，厨房电器买哪个品牌……其实，两个人也制订了一个内饰装修计划，但唐娜不以为然：你一意孤行地挑了新家的地段，我凭什么要在内饰装修上兼听则明？

从吉姆和唐娜的对决中，我们可以看到，权力一旦失衡，问题就可能不断恶化。两个人较量越多，就越是积重难返。任何婚姻走到这步田地都是无解的，没有赢家。那些先发制人与不甘示弱只会让双方的相处一步步走入绝境。谁也不是天生就爱当受虐狂，心甘情愿被人欺负或支使的。但当权力失衡时，这些现象在所难免。

相关研究显示，在婚姻中体验过权力失衡的人群中，男女几乎各占一半的比例，但女性感到的压力和痛苦要大于男性。心理学家莱纳·贝－程（Laina Bay-Cheng）发现，处在弱势中的男性通常不太介意权力的高下对比。在伴侣拥有更大的权力时，他们几乎不会感到难过。在女性为弱势方时，她们的感受正好相反，多半要承受更大的痛苦。女性能更敏锐地感知来自伴侣的胁迫，有时甚至还会遭受肢体暴力。①

一系列的研究成果把关注点指回了 80/80 模式的核心思想。另外，80/20 模式的阴影至今残存，所以在付出极致的慷慨时，男性必须比女性更进一步，给予女性更多的关照。与此类似，在纠正失衡的权力结构时，男性需要调整的幅度更大，且他们在完成自己应该承担的调整之外，还须比女性改进更多才行。

大家到底要怎么做，才能躲开权力结构争斗，平衡好双方的势力呢？默丘里与皇后乐队的故事已经给大家上了一课：为个人利益服务的权力结构只会把整个团队拖入到混乱的权力沼泽中去；追求共赢的权力结构能力挽狂澜。

夫妻可以从最容易引起争吵的几个问题入手，逐步构建一个健康的权力结构。容易入手的三个领域：家庭的收入与支出管理、家务分配、性生活。本章接下来要解决第一个问题和第二个问题。第三个问题则需要一整章的篇幅来讲，所以我们在下一章中再聊它。

---

① Laina Bay-Cheng, “Who Wears the Pants in a Relationship Matters—specially If You’ re a Woman, ” The Conversation, April 9, 2017. 关于与她同观点的文章，请参见 Laina Bay-Cheng, Eugene Maguin, and Anne, “Who Wears the Pants: The Implications of Gender and Power for Youth Heterosexual Relationships, ” *Journal of Sex Research 55*, No.1(2018): 7–20。

财务大权：挣钱与花钱的较量

坦白地说，金钱貌似具有非凡的魅力，人与人之间的强弱高低几乎都要受它牵制。

在婚姻中，金钱也体现出了相当的影响力。从前文的例子中，你能看到，挣得多的一方总是隐隐地带着一股优越感，在决定家中各种事务时或多或少地会压对方一头：今年去哪儿度假，要不要给家里换辆车，能不能纵容自己来一次奢侈性消费……但“轮流坐庄制”的原理又奉劝大家凡事不要做得太过分，只要你敢在经济收入上妄自尊大，对方也一定会找机会以牙还牙。即便对方没有条件从经济上打败你，也一定会创造条件从旁处反击，让你知道他的厉害。

“轮流坐庄制”并不是在暗示夫妻必须把收入拉平。在受访者中，很多对夫妻构建出了平衡的权力结构，哪怕双方的职业发展有着天壤之别，收入也不可同日而语。有的夫妻是一方工作，另一方顾家；有的夫妻是双方工作，但一方做全职，另一方只是兼职。

我们也观察到这样的现象：在经济收入上不相上下的夫妻，在权力分配上会龙争虎斗。由此，我们推断：工资高低并不是真正的矛盾根源。

收入不均常引发家庭权力不等，拉平了收入也未能解决问题。要彻底摆脱权力的困境，夫妻需要建立一个基于共赢精神的权力结构——让收入与支出的管理有利于共同目标的实现。

具体要怎么做呢？首先，管好收入与存款；其次，计划支出与消费。

原则 1：要共赢，就要共同存钱

“共同存钱”是一条实现共赢的最基本、最必要的原则。

> 追求共赢的夫妻一定要有个共享的家庭储蓄账户。

这并不意味着你应该立刻撕毁婚前协议书，把挣的每一分钱都放到和伴侣共同的账户中。事实上，有些夫妻真这么做了，效果还不错。但这并不适合所有人。这条原则的意思是夫妻设立一个共同储蓄账户，两个人都往里面存钱。夫妻共同管理家庭财富，可以考虑下面三种模式。

- **共同管理全部财富：**夫妻的所有收入存入共同储蓄账户，双方一起管理。家庭经济方面的所有资源，双方都是共享的：银行账户、投资、账单、债务等。这样的最大好处是简单、直接，双方对财务均有知情权和决策权。你若选了这个模式，就该对伴侣毫无保留。共赢精神在这个模式下能被体现得最全面和透彻。
- **以共同储蓄账户为主，“小金库”为辅：**在共同账户之外，每个人保留一个独立的账户——“小金库”，可以随时自由消费“小金库”中的钱，不用时时告知对方，不用揣测对方的反应。美国理财专家普里亚·马拉尼（Priya Malani）将这种方式称为“小金库”——每个人在自己的独立账户中预留的一小部分资金。[①] 具体操作如下：双方设立一个共同储蓄账户，用于管理家庭总收入，每个月从共同储蓄账户中向两个人的“小金库”各转一笔钱，实现以共同储蓄账户为主，“小金库”为辅的效果。
- **双方经济独立，但每月要“交公粮”：**双方经济独立，保留个人

---

① Léa Rose Emery, “How Should You Really Be Splitting the Bills with Your Partner?” *Brides, January* 12, 2020.

账户，但设立一个共同储蓄账户，每人每月向共同储蓄账户中转钱。如此一来，双方既保留了自己独立的资金池，又为整个家建立了共同储蓄账户，提高了家庭抗风险能力。双方上交的“公粮”既可以相等，也可以依据双方的收入分出多寡，每人按一定的比例上交，如约定每人每月上交自己总收入的 5%，则每月挣 10 000 美元的人要上交 500 美元，每月挣 1 000 美元的人要上交 50 美元。

我们强烈推荐大家采用第一种或第二种方法，共同管理所有或大部分的家庭财富，因为这种操作最符合共赢精神。双方共同分享的财富和承担的责任越多，就越能体现 80/80 模式下的爱情法则的核心思想——我赢，你就赢。

夫妻一定要有一个共享的财富池，池子再小也都可以。你要让伴侣知道自己在经济上的成功一定能让对方也获益。

原则 2：花钱时，夫妻也要一条心

原则 1 是关于如何存钱的，原则 2 聚焦夫妻怎么一起花钱。

两个人一定要为家庭消费制订好计划。

为什么要为家庭消费制订计划，随心所欲不行吗？这真不行。消费上的分歧往往能让夫妻爆发最惨烈的矛盾。例如，一方大手一挥便买下一台水上摩托车，毫不在乎伴侣的意见，在接下来的几年里，双方恐怕要比着给对方点颜色看看。

有些夫妻非常幸运，两个人有着相似的消费观，很少在花钱方面产生分歧，但大多数的夫妻会因为双方消费观不一致而产生争吵。下面是常见的场景。一方在超市买了有机杏仁酱，另一方因此火冒三丈：“你居然买了瓶价值 7 美元的有机杏仁酱，你怎么想的？”一方突然买了辆新的摩托车风风火火地骑回家，另一方忍不住委屈地大吼：“你说咱们没钱了，连洗衣机和烘干机都买不起。你买这辆摩托车的钱从哪里来？”

再是举案齐眉的夫妻，遇到这些问题都会产生隔阂与不信任感。不过不用担心，这个问题其实有办法解决，而且不难操作。查尔斯和丽塔就为大家树立了一个好榜样。他们非常清楚消费观不一致可能引起多大的矛盾。丽塔说：“我见过太多为花钱而烦恼的夫妻。常常都是妻子感到丈夫压过自己一头，原因无外乎就是丈夫收入要多一点。”

为了解决这个问题，查尔斯和丽塔制订了家庭消费计划。每年年初，两个人会认真思考、商量未来一年在各个方面要花多少钱。查尔斯告诉我们：“我们会把计划做得很详细，会分门别类地定好花钱的方向和相应的金额，如每位成员的置装费、休闲娱乐费、房屋改造费、旅游度假费，甚至细化到打车费。”

对于挣得多的一方而言，按照家庭消费计划执行更有难度。他们对家庭财富的贡献更大，必须严格约束自己，用更加理性和慷慨的视角看待家庭和伴侣的消费。双方要严格执行家庭消费计划，不可形同虚设，或严以待人、宽以律己。

家庭消费计划的有效实施让查尔斯和丽塔的婚姻状态焕然一新，两个人再也不用为花钱而争吵了，也不再计较谁挣得多、谁挣得少了。查尔斯解释说：“因为家庭消费计划细致明确，所以没有人会觉得另一方在打压或欺负自己。消费上的每个决定都是两个人一起商量着做出来的，钱花在什么地方、花多少，两个人心里都有数，所以没有矛盾。”

应该怎么制订一个为共赢服务的家庭消费计划呢？下面这个练习可以提供思路。

80/80 实操练习

让家庭消费有利于实现共赢目标

如果你和伴侣总是为花钱而争吵，那么不妨试试下面这个练习。请围绕共赢目标，为家庭制订消费计划。

第 1 步：复习一遍你们的共赢目标

首先，请把你们的共赢目标转换为财务上的支出数字。若你们喜欢旅行，就计算一下需要为每段旅程存多少钱；若你们的目标是买一座新房子，就算好存多少钱才够交房子的首付。总之，消费要为你们的共赢目标服务，而不是用来满足日常生活中心血来潮的各种欲望。你们要在共赢目标的指引下决定两个数字：存钱金额、花钱金额。

第 2 步：复盘家庭花销情况

利用很多家庭财务工具或软件梳理、复盘你的家庭消费情况。我们建议你利用工具或软件至少要算清年度消费总额和月度消费总额，最好还能总结各类别的年度和月度消费额。

第 3 步：调整消费的方向与额度

这是最关键的问题：要实现共赢目标，你必须在消费上做出哪些调整呢？万变不离其宗。要基于共赢目标调整消费策略，时刻让自己思考："怎么调整消费的方向与额度，才是对家庭最有利的？"

第 4 步：简要地把家庭消费计划写下来

不需要制订太过复杂的消费计划，利用一张简单的电子表格或电子文档记录清楚大的类别就好。当然，每个家庭消费计划的详细程度丰俭由人，既可以事无巨细地规定好每个类别的预算，也可以笼统地给出一个总的预算金额。原则上讲，双方在消费上产生的分歧越多、矛盾越深，就越需要制订一个细致而全面的家庭预算计划。

技巧 1：一方违反了家庭消费计划，该怎么办

万一有人不按家庭消费计划执行，过度消费了怎么办？例如，伴侣可能多买了几件衣服或运动装备，可能多去了一次或几次钓鱼旅行，或给庭院多买了些家具。这时，双方可以利用“描述情况 + 提需求”，好好聊聊问题出在哪里，看看需不需要调整家庭消费计划。

技巧 2：别忘了 80/80 模式的思维方式

请大家牢记：给予伴侣极致的慷慨，任何时候都不例外。

家务大权：在干活上，你有多少影响力和控制力

尽管经济大权影响着家庭生活的方方面面，但它并不能决定一切。生活中大大小小的事情里都藏着权力与欲望、操控与服从，如规划社交活动、独自出

去会朋友或跟自己的亲戚相聚、给孩子们约玩伴或订夏令营、抽出时间一个人休闲或做个人保养、规划旅行（决定旅行的次数、目的地、时间），以及其他种类繁多又琐碎的日常事务。与收入和消费一样，处理这些大大小小的事也有两种结果：处理得好有利于实现共赢目标；处理得不好，就可能引起权力欺压，引发冲突和怨恼。

发生在家庭里的权力欺压有哪些表现形式呢？第一种是在家庭决策方面抢占主导权。有些人会擅自在大事上做决定，即使这个决定会影响到整个家庭，做决定的人也不跟伴侣商量。例如，有一天，你自己决定了一件大事，认定伴侣别无选择只能接受你的决定，并且伴侣还得如往常一样做好其他家务——做饭、遛狗、照顾孩子、请人修好水管等。此时，你就在对伴侣实施权力欺压。当然，伴侣也不会轻易放过你的无视行为，他会一声不吭地邀请自己的亲戚来家里住上一个星期，或直接安排好周末的社交活动。很显然，他在做决定时，全程都懒得过问你的意见。正所谓针尖对麦芒，对方也用同样的形式让你尝尝权力欺压的滋味。

权力欺压的第二种形式是隐瞒信息或粉饰真相，即一方在一些重要的事情上不跟另一方说实话。这种权力欺压非常微妙，常遁于无形。举个例子，你想看一场在星期天举行的棒球赛，但伴侣很讨厌棒球，他不可能心甘情愿地为了这场比赛而协调周末安排。你默默地用了点心机，把星期天的时间安排得“巧夺天工”，让全家人刚好在棒球赛开始之前回到家里，这样你就能“恰好”赶上观看棒球赛了。你要的这场小聪明就是第二种权力欺压，得逞的前提是隐瞒或误导。这种玩法一旦玩过了头，就可能彻底摧毁夫妻间的基本信任。再如，你不想让伴侣知道新买的衣服有多贵，于是悄悄刷了自己名下的另一张信用卡；你和大学时代的朋友见了面，喝了咖啡，却在伴侣面前对此次会面只字不提。这些行为都是一方在向另一方隐瞒重大信息。更惨的是，另一方根本无从得知自己已经被伤害了。

最后一种权力欺压的表现形式是家务霸占型欺压。你可能会奇怪地问："还有人想霸占家务？想想那些公平之战，不就是双方都想把家务推给对方才打起来的吗？"我们在采访中听到过太多次这类欺压的故事了。很多人确实是干家务的主力，总愁眉苦脸地抱怨自己活得太累太忙。在潜意识里，他们是故意要把持住这些家务的，从行为上看，他们总是在痛苦地操劳着。一位女性受访者就告诉我们，平时都是丈夫给孩子约玩伴和育儿阿姨。丈夫总是一边大倒苦水地抱怨这些事情总是他在做，太不公平了，一边又牢牢地抓着这些事儿，不愿意让妻子帮忙。这位妻子说："每每丈夫觉得自己吃亏了，我都会告诉他抱怨是没用的。即使我做得不如他好，也该给我个机会。不过迄今为止，他都没让我试过一次。"

上面说的 3 种权力欺压本质上都是对控制权的争夺。怎么才能让这些心机与争斗偃旗息鼓？解决问题的思路依然是：面向共赢目标，在权力分配上重建决策体系。夫妻需要在大事上有商有量，共同做出决定，且任何重要的信息，都应及时与对方同步，做到不隐瞒、不误导。有时候，让对方来了解一下你在负责的工作或任务并帮你分担，也是一种协调和纠正。

放下对权力的争夺不是一件容易的事，难度不亚于从公平之战走向极致的慷慨。你会感到紧张、恐慌、不适，但最终的结果定会不负所望，你的放下将帮助家庭获得一个更加均衡而健康的权力结构。

下面的练习能带你稍微尝试这种转变，我们称它为“权力转移练习”。你能通过它尝试着放手。权力转移的领域不限，你觉得自己在哪里握有更多的权力，就可以在那里一试。练习的初衷是让你品味权力的共享与目标的一致化。练习后可以仔细回顾，看看这种操作对解决家里的权力纷争是否有帮助。

80/80 实操练习

权力转移练习

准备好进行 80/80 模式下爱情法则的实操练习了吗？只要你们按下开始键，就能把现阶段两个人之间的权力结构看得清楚透彻。让自己体验一下在家庭权力上放手的感觉吧。

第 1 步：梳理出权力失衡的领域

下面这些领域最容易出现权力失衡：日程规划、生活采买、照顾孩子、给孩子安排活动、投资理财、支出追踪、家务管理等。除具体的事务以外，心理和精神领域也许有失衡的地方，如一般是谁发起沟通和对话，谁做的让步和妥协更多，谁更体贴周到，谁更擅长于倾听，谁更能主动撩起情欲……双方要好好思考在哪些领域对方比自己握有更大的权力，并把它们填进下面的清单中。

技巧：不知道如何梳理权力失衡的领域怎么办

假如你不知道如何梳理权力失衡的领域，你可以问自己几个问题：万一伴侣突然消失了，生活会有什么变化？哪些事情是你没法一个人搞定的？哪些事情将不复存在？你必须要学习什么技能？这些问题的答案能让你看清伴侣在哪些领域比你握有更大的权力。

妻子填写 丈夫在哪些领域握有更大的权力	丈夫填写 妻子在哪些领域握有更大的权力
1. ________	1. ________
2. ________	2. ________
3. ________	3. ________
4. ________	4. ________
5. ________	5. ________

第 2 步：选一个领域，用于练习权力转移

你可以跟伴侣聊一聊，定下一个用于练习权力转移的领域，然后用一个周末的时间尝试试验。权力转移要彻底，尝试接受权力的人要把对方的工作与责任全部扛下来。例如，你决定要从伴侣手中接过规划社交活动的事情，那么，这个周末，你就要全权策划你家的社交活动。

技巧 1：避开有较大争议的领域

这只是一个练习，抱着试一试甚至玩一玩的心态去做就好了，没必要特意选择双方有较大争议的领域，去触碰对方的“逆鳞”。

技巧 2：找一个容易做权力转移的领域是成功的关键

不要硬碰硬地挑战难度太高、几天内无法进行权力转移的领域，应找容易做权力转移的领域。

技巧 3：极致的慷慨

不要忘了最重要的一点——初心与立场。把这个练习当作一场表演，你要表演的主题是“对伴侣的爱”，希望两个人共同领悟与进步。这次，请你给予伴侣极致的慷慨，可以极致到突破自己的极限。

待周末结束，你与伴侣可以复盘这次练习的体验与效果，如你有什么发现或成长，他又对权力转移有什么体会，今后你们可以做什么来帮助这些失衡的领域恢复平衡？

到此，你已经不知不觉做了不少练习，如升级决策体系的各种操作、权力转移等。你可能觉得这还不够，毕竟两个人的关系并没有因做了这些练习而被拉得有多近。我们既然已经带领大家梳理了 80/80 模式下的爱情法则的各项战术要点，现在你们就可以进入共赢的最后环节——探索婚姻生活中最狂野、最刺激，且可能是最具爆炸性效果的一种体验：性生活。

THE
80/80
MARRIAGE

第 13 章

性爱升级，爱意浓
没有心心相印的日子，何来甜蜜上头的瞬间

布莱克坐在宿舍的书桌前，手里握着人类生物学的笔记。明天就是期中考试了，布莱克决定今晚再“抱抱佛脚”。这本是一个平平无奇的夜晚，但突然间“叮咚”一声，布莱克的电脑屏幕也随之亮了。他抬头看了一眼电脑屏幕，原来是女友萨曼莎发来了信息。

萨曼莎 027：干什么呢？

布莱克和萨曼莎相恋已有半年。布莱克马上回复了萨曼莎。

布莱克汪星人 4：没事儿，就是复习一下人类生物学。要不要出去？

萨曼莎 027：哈哈，好！学校后山上有卫星天线锅的老地方见。

半小时后，大概在晚上 11 点，两个人见了面，停好了自行车，送给彼此一个深吻，庆祝这场秘密小旅程的正式开始。他们知道有条小路可以上山，于是驾轻就熟地来到了路口。路口处的警示牌上写着：严禁擅自翻入和无故逗留，天黑后不得进山！

萨曼莎脚一蹬便爬上了围栏，布莱克紧随其后。进了山，两个人便沿着蜿蜒的小道穿过被月光轻抚的草地，一路向上。来到山顶后，他们走出小路，找到一小块开阔地并排躺下，凝视着悠远又宁静的夜空，看着漫天繁星如梦如幻。

那夜星河璀璨，景色与情爱体验双双登顶。春宵一刻值千金。时间继续向前，走入婚姻的第 6 年，布莱克和萨曼莎决定去科苏梅尔岛庆祝结婚纪念日。他们在沙滩上牵手漫步，在房间里放肆地睡懒觉，在岛上随心所欲地乱转。假期过得慵懒而松弛。

离开岛的前一晚，两个人走了几百米的路，来到了一家原始岛屿主题的舞厅。要知道，这对夫妻并没有在家跳舞的习惯，也不会在舞厅待得太晚。但那天晚上很奇妙，时间仿佛停滞了，音乐醉人，景色也美得刻骨铭心。海风带着暖香，把每个人都撩拨得心神荡漾。他们按捺不住，要深情相拥。只记得那夜的海风很温柔，身体和灵魂都达到了完美交融。

时光匆匆而逝，一晃就到了布莱克和萨曼莎结婚的第 13 年。此时，布莱克和萨曼莎已养育了两个儿子。今天，萨曼莎刚从芝加哥出差回来。布莱克接送两个孩子先从学校到足球训练场踢足球，然后又送孩子们上小号课。他自己还要同时处理工作，在足球场边线旁开了一个电话会，在小号课的家长休息室里发了邮件。

一整天奔波忙碌下来，布莱克到家已是下午 5 点。他身心俱疲地给萨曼莎发了一条短信："咱们要不要取消今晚的二人世界计划？"萨曼莎回复道："现在才取消，对于育儿阿姨来说太不合适了。”

晚上 9 点半，两个人终于吃饱喝足到了家，孩子们也上床睡觉了。房间里只剩下夫妻俩，布莱克试探着小声问：“我们是不是该……你懂的……”

萨曼莎缓缓叹了口气，说：“亲爱的，我很抱歉。我现在已经完全没劲儿了，眼睛都快睁不开了。”

布莱克有些不爽：“但我们已经两周没有了啊！”

萨曼莎无奈地点头：“行行行，来吧。”

不出十分钟，两个人已沉沉睡去。

两个人的生活压力如山倒，要做的事情呼啸而来，能用的时间却捉襟见肘，这夜的欢爱真谈不上有多欢或多爱。

现在的我们为什么隔着千山万水

尽管布莱克和萨曼莎的故事是我们虚构的，但它并不虚假。我们采访了多对夫妻，也与多位婚姻和性爱领域的治疗师聊过，从中提取出代表性的事件，组合出了上文的布莱克和萨曼莎的故事。他们所面临的困境与许多夫妻所面临的相同，这个故事刻画的是一对不服输的夫妻，在当下复杂、忙碌的婚姻生活中，想抓住一缕缕情爱。

两个人初坠情网时，水乳交融的体验总是完美得如天籁、如幻境，囊括了一切美好的体验。那是肉与灵的交汇，双方都为彼此臣服，所有的神经都沉醉在多巴胺激起的快感中；在灵魂上，两颗心深入贴合，一起进入超脱凡俗的境界，进入一段令人愉快的精神旅程，体验到最高形式的爱、联结、欲望，与心灵交缠的感受。

但生活就是要你品尝甜与苦、起与落。多巴胺终会退潮，生活中的柴米油盐却理直气壮地留在了舞台中央，搞不好你们的舞台上还会多出两三个孩子来。性生活莫名其妙地变成了又一种待办事项，你要做的只是交差而已。这种转变是我们经常从一对疲惫的家长、一对野心勃勃的职场精英夫妻，或者一对被生活压得喘不过气的伴侣那里听到的，它让很多人倍感无奈，颠鸾倒凤时，只觉得味同嚼蜡，但他们并不是婚姻的落败者，只是面对生活的暴击，只能剩下这样的反应了。去公司或者居家工作都很累，养育孩子异常艰辛，运转一个家庭太麻烦，所以大多数人真的无力经营浪漫了。

不过眼前这一切还有转机。

先要搞清楚一个重要的问题：为什么走进婚姻后，性体验会一落千丈？这明明是一种愉悦和浪漫的运动，但似乎在顷刻间，灵与肉的交融怎么就变成了一项无聊的“作业”？

拜各大流行杂志所赐，有一种答案倒是随处可得。流行杂志的封面刊登着全身上下被精修得没有死角的模特照片，内页里刊登的文章言之凿凿地告诉人们：问题的根源就在于性生活本身。只要夫妻对此勤学苦练，性爱体验就会被瞬间提升。

只不过这些文章都忽略了一点：性爱并不是卧室里的孤立运动，不能与生活的其他方面切割开来。在床上时，你们当然会想起昨天早晨在厨房里的不愉快、在下班回家途中的疲惫，或送孩子去学校后要告别时孩子的纠缠与大人的焦灼……这些文章看多了，你们就可能被带到坑里去。

THE 80/80 MARRIAGE

卧室内外的体验不是略有联系而已，简直是彼此映照——进卧室前是和谐还是龃龉，决定了进卧室后是春宵帐暖还是度秒如年。

我们采访了许多对夫妻，也请教过性学家、性爱治疗师，得出结论：生活是一个整体，人们不可能一关上卧室的门，就让这个世界瞬间静音，从此不再感受到门外的纷扰。婚姻与家庭治疗师科里·艾伦（Corey Allan）对我们说：“生活幸福，性体验才能良好；性体验良好，说明生活肯定幸福。”

生活压力恶化性体验

如果问题并不出在性生活本身，那么到底是什么让一场场本该愉悦的性爱变成了一件件不得不交差的任务？性体验乏味、寡淡，倒也不能怪罪于某个简单的因素，背后可能有 4 大原因。这些原因的产生背景和表现都很复杂，且彼此间还有着千丝万缕的联系。

忙碌

生活总是让人们忙得火星四溅，手里的活儿似乎永远停不下来：清晨起来就得照顾孩子，夜深了还在手机上回复邮件，白天里恨不得以 5 分钟为单位来规划工作……从早到晚的时间被精细化地安排，导致我们的生活没有空间甚至一天中的任何时段都毫无空闲。

不仅我们的身体没有休息的时间，我们的心灵空间也被塞得满满当当。每个闹钟都在催促，每块屏幕都在闪烁，每件事都在等着被做。注意力既紧绷又分散，大脑的状态变得矛盾起来——紧张中不乏困顿。这种令人疲惫的焦躁状态没有边界和终点，似乎要持续一生。

醒着就得忙，忙起来就没有完，一点喘息的空间都不给人留，于是劳累击垮了性欲。但是欢愉的性体验要求一种与现实正相反的生活，需要自由的空间与时间，最忌忙和慌。成年人却只能被迫沉浸在忙碌的工作和生活中，唯效率至上，整日疲于奔命，不经意间便奔到了性生活的对立面。世界知名性学家埃丝特·佩雷尔（Esther Perel）说："性体验就是讲究'低效'，就是要浪费大量的时间和资源才行。"①

当代的人们似乎在遭受一场性欲瘟疫。有数据显示：2000 年，45% 的人每周过一次性生活，2016 年，这一比例已经降到了 36%。②另一项研究也表明，同时期内，夫妻或恋人的性生活频率也在持续下跌。有人称当下为"性低迷时代"③，大家的性生活频率都比不过 20 年前的同龄人群。

由此可见，恶化性体验的第一个因素就是忙碌，性爱虽美好，但还是太"低效"，与忙碌的生活显得有些格格不入。

"小黑账"

忙碌不是恶化性体验的唯一因素。如前所述，50/50 模式的思维方式与决策体系也会让亲密体验大打折扣。两个人每天都在给对方记"小黑账"，时刻计算着谁对家庭的贡献大，谁做事的态度好，深藏自己的秘密、情绪、苦恼，而从不与对方分享。那么，这个家庭每天的气氛肯定是怨气冲天，更别提为家务设定底线与优先级了。

① Esther Perel, *Mating in Captivity* (New York: HarperCollins, 2009), 75.

② Belinda Luscombe, "Why Are We All Having So Little Sex?" *Time*, October 26, 2018.

③ Jean M. Twenge, Ryne A. Sherman, and Brooke E. Wells, "Declines in Sexual Frequency Amount American Adults, 1989–2014," *Archives of Sexual Behavior* 46, no. 8 (2017): 2389–2401. 更多有关"性低迷"时代的研究，可参阅 Kate Julian, "Why Are Young People Having So Little Sex?" *The Atlantic*, December 2018。

这种思维方式造成的后果是带来持久的怨恼。若不加以解决，坏情绪只会减轻或靠边，但不会真的消失。它们会在很多时刻突然跳出来，甚至一直在你的心中积聚，影响你的判断，如清晨刚醒来的一瞬间、入睡前等，你也许会因为坏心情影响了正常的生活。不幸的是，坏情绪还会在卧室里愈演愈烈，向着本就将油尽灯枯的性爱小灯再泼上一盆凉水。

不过，受访者卡特里娜与她的丈夫却不存在上述问题。她和丈夫的夜晚甜蜜而浪漫，而其中的秘诀就在于两个人很好地处理了彼此间的矛盾。卡特里娜说："我们俩对冲突绝不遮掩、拖延，常常很快收拾好心情，绝不给对方记'小黑账'，所以性生活一直和谐。这与我听见别人说两个人在一起但凡超过了十年，性生活就没什么意思了不同。我只能回复他们，那只能代表他们。"这个例子充分说明，有了问题并不可怕，关键是要及时沟通解决。夫妻只要打扫干净坏情绪，性体验自然就会更好了。

权力争斗

前文已经有所说明，家庭权力往往和经济实力挂钩。性生活也是同理，性和家庭权力也是紧密相关的。

发生在卧室里的权力争斗的表现形式常常是一方"性"致高涨，另一方不为所动。这是一种欲望不对等的状态，里面藏着夫妻生活中最为敏感微妙的权力结构。

更希望过性生活的人会感到失落和挫败。每当自己的明示或暗示得不到对方的回应时，心里都有种被拒绝的痛。因为没有更好的办法，所以他只得像乌龟一样缩回壳里，从此不再轻易向对方表达欲望。他们也许会换个方式报复对方，如在某些事情上故意给伴侣使绊子，或通过成人视频满足需求，在极端情况下甚至会背叛伴侣。

性欲弱的一方要面对的情况也不简单，也许更棘手。一位女性受访者说："我在床上拒绝了丈夫的邀请，先会感到很惭愧，觉得自己犯了错，但接下来，我又会生气，心想凭什么自己就必须满足丈夫的欲望！"若在男女地位严重失衡的时代，性欲弱的一方如果是女性，那么她的处境就更艰难了。作为妻子的她别无选择，只能曲意迎合丈夫的欲望。且当男性的性欲较高，而女性的性欲较低时，她还面临着几个世纪以来针对女性的性压迫这样的历史负担。

性欲的强弱让两个人在权力体系中也有了不同的定位。性欲旺盛的人是发起者，是恳求、乞讨的一方，另一方则是居高临下的决定者。其实，两方都有属于自己的权力。发起者可以推动和主导性生活，决定者可以通过拒绝来展示威严。一位女性受访者这样跟我们描述她和伴侣的权力争斗："性算得上是一件很有力的武器或工具了。因为我的需求更少，所以决定者是我，只有我才能决定今晚有没有性生活。"

心理学中用了一个专门的学术概念来形容这种情况：性欲失衡（sexual desire discrepancy, SDD）。有研究显示，80% 处于稳定恋爱关系或婚姻的人经历过或轻或重的性欲失衡。性欲失衡的确会伤害夫妻关系，但性欲又很难被调平衡。[①]

期待不对等

我们采访过一名博主。她主攻性爱领域，笔名叫帕克。帕克成长于一个典型的基督教家庭。家人对性的态度就是三个字"不可以"。她理解为"不可以做，不可以说，甚至不可以想"。结婚后，帕克才突然反应过来，自己完全没

---

① L.C. Day et al., "To Do It or Not to Do It? How Communally Motivated People Navigate Sexual Interdependence Dilemmas," *Personality and Social Psychology Bulletin* 4, No. 6 (2015): 791–804. U.S. Rehman et al., "Marital Satisfaction and Communication Behaviors During Sexual and Nonsexual Conflict Discussions in Newlywed Couples: A Pilot Study," *Journal of Sex and Marital Therapy* 37, No. 2 (2011): 94–103.

有性观念。她还发现有很多的女性基督徒都存在对性的困惑，一直在接收着相左的信息。这也促使着帕克研究性爱领域。

我们问她为什么有的人的性生活就是不和谐？她认为还是两个人的交流不够多。帕克也提到了权力争斗的问题，认为性生活不和谐的夫妻双方对性的期待是背离的。她解释道："成人视频对这代人对性的期待有很大的影响，甚至会误导。有的人从中得出了不合理的期待，以为人是性爱机器人，随时随地一点就燃，但这绝对是反现实的。"

越来越多的证据告诉我们，色情产业的确对人们的性期待产生了极大的冲击。[①] 但更深层次的原因还是双方心里不对等的性期待。一方的要求太过分，更注重身体上的愉悦。但另一方可能更看重精神上的契合，享受灵魂的交融。

不过这也不是根本原因。性本就是个禁忌而私密的话题。夫妻双方的内心中对性的期待有差距也是很正常的。真正的问题在于，夫妻不敢或不愿意开口把这个话题聊明白。其实，开放没错，内敛也对。但夫妻对此事藏着掖着，一切就不对劲了。像其他问题一样，交流太少就会让两个人渐行渐远，性方面的矛盾就越发尖锐。

沟通与联结是一切的解药

前文讲了 4 种因素阻碍了人们享受性，其实它们都指向同一个问题：夫妻之间缺乏沟通。4 大原因纷纷发力，从不同角度拉扯着夫妻双方，让两个人背道而驰。

① Samuel L. Perry and Cyrus Schleifer, "Till Porn Do Us Part? A Longitudinal Examination of Pornography Use and Divorce, " *Journal of Sex Research* 55, Mo. 3 (2018): 284–296.

为什么性生活如此需要夫妻沟通，需要联结感？因为性生活是体现爱的过程，它神圣又狂野，坦诚又脆弱。当两个人赤诚相爱时，必须卸下所有盔甲，不留一丝防备。此时双方感受到的，就是人世间最深入而贴合的联结感。

如果两个人不能在精神上合为一体，那么潜意识就会产生本能的排斥和抗拒心，愈发地把两个人推向相反的方向。两个人宁愿抱着手机刷短视频，也不愿如实地表达性渴求；疏远才不至于让人看穿甚至践踏自己的脆弱；看电视或加班，都好过如履薄冰地引诱伴侣，然后体验乏味的性生活。

当两个人能够赤诚相待，在精神的世界里也紧密相拥时，踟蹰与惶恐就消散了。此时，性是传达爱的工具，是拴起两颗心的灵魂羁绊，纯粹狂烈。醉倒在彼此怀里时，你的心里和眼里只有爱人，任何网络热点都勾不起你半秒钟的注意力，此时，世间万物都不重要了。

80/80 性爱助推法

热恋期的人们简直体内多巴胺爆表，结婚后的夫妻该如何找回热恋期的状态，这件事需要努力，不能光靠想。努力后可能会得到极高的回报：相爱的两个人之间的联结感与爱。和谐的性生活让相爱的两个人更能彼此支撑，执手前行，且毫无保留。

现在的问题是怎么才能有和谐的性生活？在 80/80 模式的爱情法则下，这个过程包含了两个步骤：第一步，让琐碎嘈杂的生活找到正确的节奏，而不是让那些纷扰或猜忌横亘在两个人之间，消磨掉双方所有的“性致”；第二步，解决性本身的问题，让性生活中的权力趋于平衡，让性期待双向奔赴。

第 1 步：扫清日常生活中的烦恼

升级思维方式和决策体系能加深夫妻间的联结感，改善性体验，具体该怎么做呢？答案近在眼前，正是我们一直在阐述的 80/80 模式。

我们在前文中详细讲述的新的思维方式、决策体系及其分析工具，都能帮助夫妻扫清白天家里发生的烦心事，让夫妻获得宁静、祥和的夜晚。关于“时间不够用”这个突出问题，在图书市场上你总能找到一本好书，帮你支招。例如，教你落实每周一次的约会之夜。埃丝特·佩雷尔建议，夫妻可以设置一个“沉浸式二人世界”时段，如每周五晚上到周六上午，或者整个周末。此时，你们不用管凡尘俗世中的一切，专心享受一场芙蓉帐暖就好。为性生活设置专时专用的时段确实很奢侈，但一定能让夫妻找回热恋期才有的迷醉痴狂。[①]

落实上述措施的前提是先打好两个重要的基础：给事务设好优先级，做好想做的事；守住底线，不做不值得做的事。

人们忙得顾不上肌肤相亲，并非客观环境或时代所致，而是优先级设定上出了纰漏。这是人为的错误，可以纠正。社会文化逼得大家要业绩，不要亲密；重效率，轻陪伴。扭转这种模式的关键是将夫妻共处这件事作为更高的优先级。在两难的时刻，你要果断做出取舍：如果今天必须二选一，要么赶在截止日期前完成剩余的工作；要么按时回家，和伴侣一起，白白“浪费”一整晚可以挣钱的时间。我们宁愿选择后者。

给事情设置优先级，可以时刻提醒夫妻呵护性与爱的欲望；清晰的边界与底线能满足这些欲望。例如，约定睡前不许玩手机或平板电脑。这条底线可以保护夫妻的亲密时光不受打扰。在约会之夜尽量不聊家务事。这条底线能让夫

① Perel, *Mating in Captivity*, 142.

妻更加纯粹地过二人世界。定下就寝时间，如每晚九点，时间一到，双方就必须放下手头工作，一起回到卧室陪伴彼此。这当然更是一条分明又有效的底线。

那些藏在心里的怨气与怒气又要怎么解决和释放呢？在 80/80 模式下，性体验是其他生活体验的映射。夫妻要协调好生活的各个方面，在精神上，给予对方极致的慷慨；在决策方面，尽可能地追求共赢。80/80 模式提供了多种思考与分析工具，帮助大家清除怨恼情绪与负能量。你与其抱以时时给对方打分、一一计算每件事是否公平的心态看待伴侣所做的一切，不如大胆转变为极致的慷慨的思维方式。你无须再逃避任何沟通，隐瞒任何情绪，哪怕坦诚意味着向对方露出自己最脆弱、难堪或卑微的部分。相反，你会如实描述事实，坦诚地提出需求，让彼此之间没有隔阂。你也不再稀里糊涂地过日子，谁先看不下去，谁就去干活，最后空余满腹的委屈与牢骚。相反，你会确立合理的分工体系，组成一个高效协作的团队，去达到共赢的目标。

这些改变将逐渐拉近两个人的距离。生活就是牵一动百、草蛇灰线的。看似微不足道的小事，如洗碗、买菜、接送孩子上钢琴课都会影响到夫妻的夜间体验。

白天，夫妻之间越亲密，晚上也就越亲密。这一点已经被学界证实。社会学家丹尼尔·L. 卡尔森（Daniel L. Carlson）发现，权力对等的夫妻能过上质量更高的性生活，这是 80/20 模式或任何一种压榨女性的婚姻不可比的。在研究了许多权力对等的夫妻后，他指出："均衡的权力并不是'你做好你的事，我也做好我的事'这么简单。和谐生活来自夫妻二人的同心协力、充分沟通与互相帮助。这些精神铸就了夫妻间牢不可破的关系。"①

① Heidi Stevens, "Want a Better Sex Life? Choreplay Definitely Works," *Chicago Tribune*, August 26, 2015.

我们因此才建议追求 80/80 模式的婚姻。尽管 80/80 模式下的爱情法则看上去与感性的思维方式和结构毫无关联，它理性有余，甚至很无聊，但为狂野的性生活打下了坚实的基础。读到这，你该明白本书为什么要把有关性的内容安排在后面的章节中了。设置好婚姻中的分工体系，设计好事务的优先级、底线，能解决这些琐碎的矛盾、压力与杂事，能帮你释放更多的时间，去和伴侣肌肤相亲，心灵相通。

我们还得再强调一点，性体验就该是起起落落，不可能永远得满分。接受我们采访的夫妻中，不乏恩爱眷侣。但就算是他们，也要经历性欲寥寥的夜晚，有过勉为其难的"交差式"性生活。你不可能精确地设置或操控你的性体验。性更像一种艺术创作，灵感来时，你下笔如有神。你也可能冥思苦想一整夜，换来不尽如人意的效果，你还有可能绞尽脑汁也找不到感觉，手中的作品丑到自己都不忍直视。没办法，这就是艺术。

但总体上看，更强的联结感、更亲密而纯粹的相处时光有助于你和伴侣躲开交作业式的性爱。在放下尘世间的纷扰后，你们大概率能收获一场场淋漓的欢爱。

夜晚的性体验是好还是不好，取决于这些生活中的问题解决是否到位。你需要和伴侣复盘现在的生活状态，回答一个重要的问题：在 80/80 模式下的爱情法则的实操练习中，先做哪个练习最能对性生活有所帮助。

答案当然是因人而异的。有些夫妻的当务之急是设定清晰的底线，别让亲密时光受打扰；有些夫妻则需要修复权力架构，扫干净怒气与怨恨，给性欲留出空间；有些夫妻应该改善分工体系，不要再埋怨和催促对方，或为"今天该谁倒垃圾"这些生活琐事而斗得头破血流；有些夫妻需要练习的则是思维方式的基本功，他们要给予伴侣极致的慷慨、真诚的赞美，并坦诚分享内心感受或问题。

第 2 步：让性体验重回巅峰

接下来要解决的问题就都与性生活直接相关了。

THE 80/80 MARRIAGE

卧室里的权力失衡问题，由双方不对等的性欲引发。调整失衡的性权力，让性生活回归和谐。

怎么做才能调整性生活中的权力失衡呢？前文聊到过，经济实力不对等，就会引发家庭权力的失衡。我们已给出过解决权力失衡的方案，它对解决性权力失衡一样有效。我们再来回顾一下，如果一方因收入上的优势在家庭支出上拥有了更多的话语权，应该怎么解决此问题呢？答案是调整决策机制，双方共同制订家庭的预算计划，稀释和控制强势一方的权力。

调整性权力的逻辑同上。夫妻可以制订一个性生活计划，依然要基于极致的慷慨的思维方式，尽量向对方的需求靠拢。

下面 4 个建议可以帮助大家调整性权力，改善体验。

建议 1：规划性爱日程

对很多人来说，规划性爱日程只会感到扫兴。他们认为郎情妾意的欲望只能随性而发，必须是主动的、冲动的、灵动的，怎么能变成日程表上被人为规定的一项任务？且慢，规划跟浪漫其实可以共存。你不需要向伴侣发出一个 15 分钟的会议邀请："时间差不多了，可以开始了！"你们要做的只是留出一段时间，不慌不忙、不容打扰，让爱与欲在这里找到窗口，自然降临。它可以是一两个小时的空白时间，供你们自由发挥；可以是一次远足，只是最后的终点必须是一个独属于你们的空间；如果时间允许，它可以是一个绵长的约会之夜，让你们能心无旁骛地享受一晚上的你侬我侬；它甚至可以是一整个周末，前提是事先把孩子安顿好……不要把性爱规划想成一个商务会议，你们规划的只是时段，而不是内容。你们要尽情享受难得的欢爱，仿佛是跟伴侣来了一场激情“出轨”，短暂地背叛了一下工作和日常生活。

建议 2：7 日性爱挑战

托尼·迪洛伦佐（Tony DiLorenzo）和阿莉萨·迪洛伦佐（Alisa DiLorenzo）夫妇共同撰写了《7 日性爱挑战》（*7 Days of Sex Challenge*）一书，并发起了同名活动。[①] 活动规则是夫妻要连续 7 天过性生活，且尽量突破之前的习惯，能力允许的话，坚持 1 个月甚至 1 年的时间也可以。托尼和阿莉萨也曾经历感情变淡、夫妻离心的困境。这项挑战是他们给自己的婚姻设计的一次自救。两个人的步伐迈得相当大，一开始就决定尝试 60 日性爱。幸而一举成功，夫妻关系又变得亲密。

托尼和阿莉萨发现，性爱挑战的时长并不重要，7 日就足够了。这个活动为什么有此奇效呢？阿莉萨的解释是：“挑战一旦开始，性生活就是每日必修课，而不是强势一方用来讨价还价的砝码了。两个人无须再纠结是你更想要还是我更想要，所有的创意、精力和时间都只会用在亲密相伴上。”

建议 3：奉献型性爱

在性生活上给予伴侣极致的慷慨，有助于调节失衡的权力。我们不妨把卧室里的各种体贴与周到统称为“奉献型性爱”。一位女性受访者告诉我们，转变思路，主动满足彼此的性需求，让她的婚姻状态焕然一新。她说：“我努力去迎合丈夫的需求，他也充分回应和照顾我。我们都尽量为对方着想，因为我

① Tony DiLorenzo and Alisa DiLorenzo, *7 Days of Sex Challenge: How to Rock Your Sex Life and Your Marriage* (Amazon CreateSpace, 2013).

们知道，只有当我们不断向彼此靠拢时，才能找回和谐和平衡。”

这位受访者的故事就是 80/80 模式在性生活上的典型运用。夫妻无须再掂量公平与否，不用计算自己的付出是否超过了 50% 警戒线。如果你是性欲较强的一方，就要克制自己，努力降低频率。即便如此，对方也还有可能会向你的“邀请”说不，那么，你也要欣然接受。如果你是性欲较弱的一方，就要敞开胸怀，尽量配合对方的需求。有时你即使兴致全无，不妨也给个机会，看看一番你来我往后，状态是否能有转机。有时，问题并不在于性本身，而在于你们那些未解的心结。此时要解决的问题是双方到底“卡”在哪里了，以至于一点性欲都提不起来。坦诚沟通才能彻底化解矛盾。总之，极致的慷慨要求你们尽量为彼此考虑。在解决性的问题时，努力向对方的需求靠拢吧！请给予你爱的人“奉献型性爱”。

建议 4：有建设性地拒绝

不论你俩有多努力迎合对方，总有一个人想要，另一个人只想退的时候。当拒绝不可避免时，拒绝的话术就是关键了。简单一句“今晚没戏，我不在状态”也不算错，但对方一定会有种被大雨淋得透心凉的感觉。拒绝方不妨再递给邀请方一颗糖，如给一个时间建议：“今天我累到睁不开眼了，明天怎么样？”

就这么个小盼头儿？对，这个小小的盼头儿就能扭转乾坤。有了它，被拒绝的一方才有台阶可以下，不至于灰头土脸地想：“今晚没戏，那未来一周呢？一个月呢？一年呢？到底什么时候才有戏？”

你们认为上面的哪条建议最有用？不妨找到两个人都想试的一条建议，就从它入手，去找回本就属于你们的浪漫时光吧。

难以启齿的需求更要大声地说出来

我们终于要聊正题了：彼此的性需求总不合拍，该怎么办？性是生理上的渴求，而非婚姻方面的问题。难道 80/80 模式能管这么宽？仔细想想，你就会明白，性生活问题的本质还是第 7 章已经聊过的夫妻间的沟通问题。还记得第 7 章介绍的浅洼级问题与深坑级问题吗？应用于性体验相关的沟通，也是同理的。

在日常生活中，夫妻之间肯定有不少藏在水面下的误解与矛盾。性生活也类似，既有不过瘾，也有不情愿，两种体验都让人憋屈。你很难开口率直地问伴侣对夫妻生活的看法：性体验如何？怎么继续提升？不如大家都假装尽兴了，这样就没人感到难堪了。你们都不好意思表达真实的欲望，开不了口，让对方知道他现在的操作跟你的期待南辕北辙。但正是这些难言之隐日积月累，问题才迟迟得不到解决。

情绪上的问题藏着掖着无异于给未来生活“埋雷”，性生活也不例外。一次次的勉为其难，虽然每次看起来都微不足道，但其实次次都在给伤口撒盐，把两个人越推越远。性生活滑向深渊，最后不免沦落为日程表上的一项任务，让夜晚生活变得寡淡甚至苦涩。

如此看来，要解决夫妻对性生活的不同期待，还是需要双方的坦诚交流。解决的过程可能充满了痛苦，恐惧或愤怒的情绪时而便会向你们袭来。但这值得一试，请试着走出舒适区，放下戒备；试着敞开胸怀，与对方分享自己在性生活上的欲望、喜好、幻想和期待。试过后的世界或许大不相同，但得由你们亲自去体验。

性的话题确实有些尴尬，让大家难以启齿，不少夫妻多年来甚至刻意回避、讨论这个话题。因此，大家要做的不仅仅是坦诚沟通已经出现的问题，最好还应主动出击，防患于未然。下面这个练习或许就很有用。

80/80 实操练习

聊聊那些难言之隐

你在与伴侣沟通性体验时，不妨用下面这些问题来开场。提问的人和回答的人都要尽量给予对方极致的慷慨。

- 你什么时候会有“性趣”呢？有什么信号是我能捕捉得到的吗？
- 我的动作中有没有你厌恶的地方？
- 你喜欢我做的、希望我多做的事情又是什么呢？
- 哪次性生活让你最满意且难忘？
- 对于你来说，最愉悦、浪漫、超脱的性生活是什么样子的？

技巧 1：挑个合适的时间

如果沟通顺利，两个人可能要干柴烈火一番的。你们最好有备无患，记得找个安全的时间点，沟通前要确保后续的“战事”有战场可用。

技巧 2：极致的慷慨

氛围感很重要，此刻大家需要的是感性、真诚和浪漫。

拔高练习

对于你来说，“最愉悦、浪漫、超脱的性生活是什么样的”这个问题的答案是什么？请一起去实践它吧。记住：你

> 们亲自给出的答案是一盏明灯，将指引你们去往一个被激情点燃的夜晚。

我们得在此强调：作为本书的作者，我们并不是性爱领域的专家，本书的讨论重点也不是性爱。80/80 模式的使命是帮助读者改善婚姻体验，因此本书主要着墨于升级思维方式与决策体系。但毕竟婚姻是离不开性的，夫妻白天有多亲近，晚上就有多亲密，夜晚的浪漫时光并不是孤立存在的。

此外，我们还想强调的一点是，80/80 模式下再恩爱默契的模范夫妻，也可能在性生活上遭遇惨败或陷入困境。性蕴含着摧枯拉朽的力量，但它的作用形式却是狂野而难以预估的。性可能搅起诸多情绪，有时会一发不可收拾。

性爱是一件太玄妙的事情，短短一章内容绝不足以道尽你需要的全部答案。如果你还想深挖，想继续了解性与情感关系的奥妙，可至本书的“附录”找到更多资源。如果你和伴侣在性生活上遇到了过不去的难关，正在痛苦和失控中挣扎，那么请一定寻求专业人士的帮助。

不论你们遭遇过什么样的艰难困苦，都不代表这场婚姻是个错误，也不能说明你们走了弯路。你们历的是凡夫俗子都要历的劫。性是个大难题，之狂野、之艰深，与之搏斗的每个人必定已付出了最大的诚意与精力。

THE 80/80 MARRIAGE

第四篇

如何应对 80/80 模式的 2 大阻力

THE
80/80
MARRIAGE

第 14 章

当你有个不作为的伴侣时，怎么办
谁痛苦，谁改变

如果伴侣在 80/80 模式前犹豫退缩，那么你非常适合阅读本章内容。有个前提：你们的关系总体是稳定而正常的，没有致命伤；你们之间不应该存在任何胁迫，也没有哪一方被欺压到连分手都不敢，更没有情绪虐待或肢体暴力行为。只要存在上述问题，不论问题轻重，本章都不是“解药”，你必须寻求专业人士的帮助。如果你们之间没有这些本质问题，只是伴侣持续性不作为，其懒散和迟钝总让你生气跳脚，那么本章内容就是为你而写的了。

同每章的开场一样，先来看看乔希和梅利萨的故事。乔希的职业是医助，这也是他唯一的工作。梅利萨每天有两份工作要做，白天她是一名高中科学老师，晚上和周末的时间，她担任家里的“总经理”职务，要做饭、打扫卫生、制订家庭日程规划等，操心的事不亚于一份全职工作。

对他们来说，星期六通常是这样度过的。

清晨 5:25：5 岁的女儿溜进了主卧，梅莉萨被吵醒。她想："倒也没必要睡到 7 点，干脆起床吧。"于是，她便起床给女儿读故事书。母女俩离开了卧室，此时，乔希仍在呼呼大睡，对这一切全无意识。

清晨 6:30：梅莉萨洗干净了一堆脏衣服，规划好了下周全家人的餐食，制订了超市采买计划。乔希依然在睡梦中。

上午 7:40：梅莉萨已经忙碌了两个多小时，乔希也终于起床了。

上午 8:00：梅莉萨迎来宝贵的 1 小时自由时间，但这也是今天唯一的自由时间。她要和朋友一起散步。乔希会留在家里，给孩子们煎巧克力碎片薄饼。他管这 1 小时为"爸爸的值班时段"。

上午 8:14：梅莉萨才走出家门几百米，就收到了乔希的信息："咱家还有新的薄饼预制浆吗？牛奶是不是也没了？"梅莉萨只好停下脚步，中断和朋友的聊天，赶紧回答这一串问题。

上午 9:00：梅莉萨回到了家里，眼前是四处乱洒的薄饼预制浆，还有喝得只剩半杯的牛奶、果汁。乔希已经出发去健身房了，梅莉萨只得默默收拾着残局。

上午 11:30：梅莉萨先送儿子参加一场足球比赛，然后又送女儿去找小伙伴玩。乔希在家里看橄榄球赛，在广告间隙，他发了几封邮件。

下午 2:00：梅莉萨先带着孩子们去商场买童装，然后又去超市买菜。乔希没有一起去，正瘫在沙发上小睡。

下午 4:30：梅莉萨给乔希的父母打电话，安排星期天下午大家一起看"超级碗"橄榄球大赛的事。其实，她对看橄榄球赛一点兴趣也没有，甚至看着就觉得反胃。乔希还瘫在沙发上，不过此刻正在网上搜索着新的高尔夫球俱乐部信息。

晚上 8:30：梅莉萨让孩子们刷完牙、听完故事，上床准备睡觉了。乔希也定下了心仪的高尔夫球俱乐部，按下了"付款"按钮。

晚上 9:10：乔希兴冲冲地扎进儿童房，要跟孩子们来个"睡前超级大聚会"。

晚上 9:45：夫妻俩躺在床上，准备入睡。乔希还在手机上刷社交媒体，查看橄榄球赛的比分。梅莉萨在读一本婚姻方面的书，有趣又深刻。她对乔希说道："这本书中有些观点很不错，对咱们会很有启发。我把它们圈起来，找个时间一起聊聊好吗？"乔希稍微抬了一下头，说道："亲爱的，当然没问题！不过我现在手里有工作要忙，不好意思。"梅莉萨也只得说："好吧。"但在她心里一个隐秘的角落，愤怒和怨气正起伏翻涌。她很想发泄，但又实在不想为这些事情再吵一架，至少今天真没力气了。于是，梅莉萨翻了身，一言不发，独自睡去。

乔希其实很爱梅莉萨，很满意当下的婚姻生活。他在做家务和照料孩子上帮不上什么忙，对相关的阅读、练习、沟通等也没有兴趣，仿佛这些事情就该由梅莉萨管，自己只需要负责"躺平"。

乔希是无数甩手掌柜的代表。进入婚姻，他们之所以会变成这个样子，主要有两个原因。第一，夫妻不知不觉间习惯了失衡的家务分配方法，走进了典型的"一人贡献一人享受"模式。在这个故事中，乔希是享受的一方。他在家务面前早就懒得动弹了，对育儿、打扫、烹饪、社交活动安排等日常事务都不上心。第二，在思想上，享受的一方完全不积极，未想做出改变。乔希习惯了退缩，只想坐享其成，对各种可以提升婚姻质量的心理练习、情绪改造项目全无兴致。

婚姻中的单方面不作为的问题，并不等同于过去常见的两性失衡。从数据上看，不作为的人确实多为男性。但有的时候，角色也会颠倒，男性一样可以是贡献更多的一方。在伴侣的麻木与被动做事面前，你可能无计可施，以至于对 80/80 模式望而却步。事实上，由于这个问题的严重性，你可能翻开本书后没读几页便跳到了这里。

这个问题的解决方案并不简单，但它值得你们去尝试。当贡献较少的一方的抗拒和犹豫消失时，实践 80/80 模式下的爱情法则会变得更加容易。“极致的慷慨”会慢慢变成你们双方共同的思维方式，你们也会一起追求共赢的目标。

痛苦的根源

恕我们直言，如果家中真有一个只顾享受的伴侣，那么你的日子一定不好过。你不得不扛下一切，自己摸爬滚打着面对生活的风雨，或许付出还得不到应有的欢呼与掌声。每天，太阳一升起，你便陷入了无穷无尽的压力和委屈中。年复一年，无穷无尽，整个经历可能让你感到不堪重负、烦躁不安和筋疲力尽，你的心里充满了哀怨，最后它会吞噬尽你的能量。

不过，享受的一方也不一定好受。克里斯就是个例子。他的婚姻就因这个问题而彻底崩塌，不可挽回，最终以离婚收场。在婚姻中，克里斯是做得少、会享福的人。伴侣能力过人，总能独自张罗好一切，这对克里斯来说，肯定是件做梦都要笑醒的好事。你可能难以想象，在家务上占了便宜的人居然也会吃情绪上的苦头。克里斯形容道：“我们之间似乎有块记分牌，记录着每个人对家庭付出的多少。我的妻子能干又强势，把持了所有事情。渐渐地，我简直哪儿都插不进去手了。这不是真实的我，我其实动手能力不弱，且很有意愿做事。反正局面莫名其妙地就变成了‘克里斯一点用都没有，什么都不管’。我只能默默委屈，毕竟表面上看，我确实是那个不合格、没有用的人。但我真没觉得这是什么大便宜，我一直在苦苦服从和忍受啊！”

克里斯的经历说明，“一人贡献一人享受”的问题伤害的不只是家中承担得多的一方，可能带来的是一个双输的结局。

谁的错更大

性问题也好，“一人贡献一人享受”的问题也好，人们对其的感知会受一系列复杂的文化传统和两性观点的影响。在婚姻中，一旦妻子做出了更大的牺牲，丈夫搭了更多的便车，人们就会习惯性地指责丈夫。

长久以来的男权主义对婚姻形态产生了决定性的深远影响。当代，男人拼事业、女人辛苦操持家务的 80/20 模式并未彻底消亡，仍然会影响着婚姻。我们清晰地看到，有些夫妻秉持着激进的两性观念，思想上相当开放；还有些家庭，妻子的收入已经超过丈夫了，但这些家庭仍然受男权主义的影响，无形中束缚着双方的思维，时常让男性有了享受的意识与机会。

面对畸形的两性文化传统，还有各种一言难尽的现实，部分女性主义者干脆选择不婚。女性主义研究的先驱格洛丽亚·斯泰纳姆坚信女性没必要结婚。“从法律层面上讲，你一旦结婚，就要丧失一半的独立人格。”① 她还提到：“婚姻更倾向于造福男性，而非有利于女性。这个世界上最幸福的两个群体分别是已婚男性和未婚女性。”②

文化市场甚至还诞生了一个全新的方向，关于婚姻的书籍、文章、播客等多种形式的产品中都在哀叹男性在“一人贡献一人享受”问题上负有责任。女性主义作者杰茜卡·瓦伦蒂（Jessica Valenti）指出：“女性在职场上发展受阻，并不是因为生育问题。真正的原因是家里的男性拖了后腿——他不去做自己应该做的事。”瓦伦蒂还补充道：“女性不是没有能力做到‘全面优秀’，只是一直以来就被男性剥夺了太多的机会和资源。”③

---

① Gene Landrum, *Profiles of Female Genius* (New York: Prometheus Books, 1994), 323.

② Gloria Steinem, *The Truth Will Set You Free, but First It Will Piss You Off!* (New York: Random House, 2019), 31.

③ Jessica Valenti, “Kids Don’t Damage Women’s Careers—Men Do, ” Medium, September 13, 2018.

这些观点很有道理，女性的确容易成为家庭的牺牲者。她们贡献更大，忍耐更多。男性却能逐渐给自己立起“不太能干”的人设，然后一步步成为不作为的一方。不可否认，两性不平等的老旧观念仍在影响着当代人的婚姻。

但这一切的背后还藏着另一个微妙的事实：不论哪种婚姻形态，都由身在其中的两个人共同打造、经营。我们不能只关注偷懒的一方（多为男性）犯的错，而忽略了勤劳的一方（多为女性）本该有的主动性与权力。付出更多的一方看着自己的伴侣固然心烦，肯定也免不了向朋友们抱怨，无数次地控诉老天爷是多么不公平。在懊恼之余，付出更多的一方忘了两个至关重要的问题：怎么做才能改变局面，以及事情变成现在这个样子，有没有可能自己也是推波助澜的一员。

这两个问题是接下来要讨论的重点。它们听起来颇有些刺耳，仿佛是在挑衅你，要推翻你已经认定了的过错方。但此刻，我们希望你走出舒适区，暂时卸下之前对只会享受的一方形成的印象和认知。

当然，这也绝不等于说现在的你成了真正的过错方。你要做的是和我们一起站在更高的位置往下看问题，毕竟整个局面的形成与你和伴侣都有关。从此以后，请不要再问“谁犯的错误更大”，而是要多问“这种生活其实让咱俩都不好过，该怎么调整呢”。

对你而言，下面的一系列实践操作可能非常激进。你需要拿出极大的勇气、提高承受力。但迈过了这个坎之后，你的婚姻或许就重获新生了。

操劳背后的隐形“收益”

自己是为了家操持一切苦苦付出的人，居然成了推动一方继续不作为的动力。为什么会如此？下面请与我们一起看看蒂娜的故事。蒂娜是个标准的过度贡献型妻子，对家庭的贡献远超伴侣。我们通过电话采访了她，当时她把车停在车库里，18 个月大的孩子就在车后座上熟睡。她告诉我们，孩子的 30 分钟的午睡时间是一整天里她唯一能“自由支配”的时间。

蒂娜用水桶打比方，描述嫁给只会享受的人的生活有多惨。她说：“我的肩上仿佛扛了很多个水桶，每个桶代表着一个大工程。我扛着工作桶、友情桶、育儿桶等。我的丈夫就不一样了，他真是独得上天专宠，肩上只扛有一两个桶而已。”

她的丈夫怎么就不能多扛几个桶呢？

蒂娜回答：“我也说不好，反正不知不觉地就变成了这样的局面。仔细想想，其中还真有我的原因。在抉择权面前，我可能有些得意和自满了。尽管我偶尔会抱怨什么事情都是自己在管，但我也常庆幸自己能掌控家里的一切。”

随着蒂娜思考的深入，她有了一个大发现：局面之所以失衡，的确也有她的一份责任。她解释说：“我其实明白自己已经把生活搞得一团糟了，也深知这个状态不可持续。但所有事情尽在把握的感觉让我很上瘾，我知道每件事的动向，知道只要我想，就没什么是我不能做的。丈夫的脑子里仿佛只有一片空白，他对什么事都没有概念。他可以在一个星期内问我 18 次‘周六的足球赛是从几点开始’这样的问题。”

我们的访谈让蒂娜悟出了两个重要的道理。第一，造成分工失衡的局面，为家庭贡献更多的一方也有责任。蒂娜和她的丈夫是如此，其他夫妻也不例外。贡献更多的一方往往太过自信，一直咬牙操持了家中的一切，遇到困难时也没有及时向伴侣求助。第二，贡献更多的一方的内心其实潜伏着一股操控欲，也没那么想改变失衡的局面。想明白这一点并不容易，需要极大的自省力。但这一点又非常重要，因为贡献多的一方看到自己对主导权的执念，是解决“一人贡献一人享受”问题的第一步。

转变局面，不再纵容单方面不作为

怎么才能真的改变单方面不作为的问题呢？按理说，既然是两个人共同打造的局面，就应该由两个人一起发力来解决，没有谁能置身事外。你若是贡献更多的那一方，你一定在默许自己的付出和委屈，忘了适时沟通或求助；你还可能放不下内心的操控欲，要把握一切要求。你若是不作为的那一方，你的责任就在于自己持有麻木冷漠、只想享受的态度。当然，你也有可能是刻意的，采取消极抵抗的态度，且不遗余力地抵抗着。

“按理说”的后面常常都跟着“实际上”。看看“不作为”这个词，它从里到外都流淌着懒惰和勉为其难的气息。这样的人压根就不会主动改变局面，他喜欢做的事当然就是享受。你或许已经过度操劳了，但这场家庭“变革”还是别无他选，必须从你这发起。这是一个极其不公平的事实：“所有的压力都压在你的肩头，所有的事情都由你在做。这一次，你又得冲在前面，先挑起担子，否则你们就无法破局。”

你的确已经快要崩溃了，但也只能暂时忘却不公，先行一步。想逆转局面，拯救婚姻，你发起这场变革可能是当下最好的选择。毕竟四面楚歌中，你的果决与宽宏可能是唯一的解。

你已经做好先迈出一步的心理准备，接下来具体要怎么做呢？让我们回到本章开篇的故事中去，看看梅莉萨和乔希该怎么自救。我们分析梅莉萨的一天就会发现，她本来是很有希望改造乔希的，但错过了太多机会。乔希宛若一个住在宿舍里的学生，油瓶倒了都不会扶一下，毫无观察力和主动性。

时间回到当天上午 8:14，乔希发来信息问薄饼预制浆被放在了哪里。此时，梅莉萨在和朋友散步，她必须立刻回复乔希吗？她是不是还可以专心地和朋友边聊天边散步，放手让丈夫自己琢磨怎么才能喂饱孩子们呢？她回到家，其实也可以对乔希说一句："哇，大家玩得很好嘛！亲爱的，能不能再多看会儿孩子，顺便收拾一下房间？我想去洗个澡。"

到了下午，梅莉萨是不是可以让乔希送女儿去小伙伴家玩呢？是不是还能让乔希回家时顺路在蔬果店把菜也买了。让乔希买菜当然有风险，他可能搞不清番茄酱的牌子，还可能忘了买有机草莓。但让乔希动起来参与做家务，梅莉萨的下午安排就更自由了。按照这样的逻辑，梅莉萨大可不去管聚会的事，用不着特意打电话跟亲戚们约时间。若乔希真想和大家一起看比赛，他自己张罗这件事就好。如果连乔希自己都懒得行动，就更没问题了。这样梅莉萨也不用参加一场自己都不喜欢的聚会了。

再来看入睡前的场景，梅莉萨希望乔希读一读她手中那本很有意思的书，但她为什么又轻易饶了他呢？其实，梅莉萨完全可以向乔希如实表达她心中的委屈与挫败感："我希望你能和我聊一聊，因为咱俩的婚姻体验真的需要改善一下了。我先把这本书给你，下周抽空把我标注出来的内容读完，好吗？我想下周六的晚上，咱们可以正式聊一下。"

重点是婚姻中做出过度贡献的那个人，如梅莉萨，忘了跟伴侣沟通自己想要的是什么；没有清晰地表达过眼下的困难和心里的痛苦；似乎也没有动力从极致的慷慨精神出发，引导伴侣做出改变。

放弃对主导权的执念

贡献多的一方要先动一步，推动整个局势的改变。读到此处，恐怕你还是会觉得不靠谱。这个提议怎么看都像是个肥皂泡般的梦想——美好又脆弱，听上去冠冕堂皇，实际上不堪一击。

你毕竟被束缚在这个困境中太长时间了，突出重围对你来说像件不可能的任务，所以你的质疑非常值得理解。但请相信，这个困境并不是无边无际的，哪怕深陷其中多年，你也依然可以找到它的边界，并且一举突破。因为本书的两位作者就真的做到了。

下面来看看我们突破困境的过程吧。26 岁时，我们结婚了。那时的凯莉极其能干，做事细致又有条理。她有一整套表格和文件体系，分门别类地管理着各种资料；每个月都会细致地核对财务状况；及时清洗衣物；认真规划退休后的收入，且设立了个人退休年金账户。内特则是另一个极端，活得粗枝大叶，仿佛是个还没走出大学校园的学生。他懒得记录自己的支出，一年里稀里糊涂地洗两次衣服就行。提起个人退休年金账户，他只知道某个好战派政治团体叫这个名字，除此以外就什么都不懂了。

两个人搬到一起生活，便如两个水火不容的世界突然撞到了一起。凯莉自然而然地就成了全权大管家，所有的事情一把抓。内特当然乐得清闲。他发现自己可以推掉所有责任和家务，从此不必再为车险续保或者交电话费之类的事烦心了。他也不用管夫妻成长和婚姻体验。凯莉是万能的，可以把所有的事情都照顾周全。在婚后的很多年里，凯莉和内特保持着这样的生活状态。

凯莉的内心是痛苦的。她是负重前行的一方，心里对内特的怨气日积月累。内特一次次地掉链子、说到却做不到、忽视或否认凯莉的辛勤付出，让凯莉渐渐焦躁郁闷，如鲠在喉。

从表面上看，内特过着神仙般逍遥的日子，但其中的煎熬也只有他自己才知道。凯莉会反复催促他去商店里买东西，或提醒他修好家里的喷头。内特心中会生起一股股无明火，仿佛自己怎么做都有问题，做得再多也都不够多。在一个神奇的瞬间，他突然开悟了："反正我怎么费力都讨不着好，不如什么都别干，不就彻底解脱了吗？"

后来，我们有了转机。一切源于凯莉向自己提出的几个问题，也是我们后来向梅莉萨问的问题。

- 洗碗机结束工作时，我真的需要立刻收拾碗筷吗？这种情况完全可以让内特接手，对不对？
- 内特的确常常开空头支票，说好要做的事情转头就忘。我在向他表达失望时，是不是也能换种更加成熟且有效的沟通话术呢？
- 我要操心的事情实在是太多了，是不是该让内特分担一下呢？让他管理家庭财务如何？
- 我真的很需要内特陪我去参加夫妻关系研讨会的活动，我何不明确地向他提出要求呢？

以家庭财务管理为例。结婚多年来，凯莉一直独自担此大任。她要花大量的时间还信用卡、梳理收支情况、制订预算计划、报税等。她对内特十分不满。但扪心自问，这些年来凯莉其实也不愿意内特插手家庭财务管理，因为她不想丢掉主导权。后来，她终于明白了"鱼与熊掌不能兼得"的道理，卸下一部分主导权，才换来一个管事的丈夫和一个快乐的自己。

在结婚后的第 5 年，凯莉告诉内特要管理家庭财务。内特接过了这摊事。两个人花了几个小时的时间，细细地过了一遍凯莉平时在家庭财务管理上的方法与成果，内特听后，对她所做的一切真心表达了自己的赞美。从此，凯莉再也不用还任何一张信用卡，也不用管任何一张电费单了。内特起初并没有对管理家庭财务表现得多积极，但不久后，他发现家庭财务管理是十分有趣的活儿。于是，他开始乐在其中，并做了新表格用于管理数据。内特的转变是因为凯莉一开始的积极推动与慷慨放权，双方进行了艰难但坦诚的沟通，婚姻局势终于迎来了触底反弹，且持续向好。

再来看内特在其他方面的转变。内特原本对参加各种工作坊、讨论会活动兴致寥寥。凯莉并没有因此作罢，明确要求："这个周末有一场夫妻关系研讨会，咱们一块儿参加吧。这个会非常重要，你一定得去。"内特点头，两个人便一同前往了。他懒是懒了点，的确习惯了享受，但并不排斥学习新知与取得进步。夫妻关系研讨会的效果令人喜出望外。内特很喜欢这个活动，对两性关系和个人发展的话题也产生了极大的兴趣，还主动找来相关书籍阅读。谁能想到，15 年以后，两性关系和个人发展已经是我们研究的重心了。当年，凯莉邀请内特共赴夫妻关系研讨会时，确实费了一番心思。但如今回头看，这一切都值得。

我们的转变离不开两个重要的因素：一是凯莉的主动性，凯莉让内特知道了她真正的需求；二是内特的配合度，虽然他享受已久，但依然有足够强大的好奇心与求知欲，支撑着自己去探索和改变。这两个重要因素缺一不可。

除此以外，"要失去凯莉"这个非常隐性的危机，也是促使内特做出改变的动力之一。当时，内特有预感，如果自己再不做出改变，可能就要失去凯莉了。虽然凯莉从来没有明说过要离开，更没有用离婚胁迫过内特。但处在当时婚姻状态中的我们都清楚，现状是不能再继续下去的。如果内特一直像个长不大的孩子，永远都只会搭便车，那么终有一天凯莉的忍耐一定会达到极限。如芒在背的危机感促使内特配合凯莉，跨出了改变的第一步。

我们的故事中的一方是愿意做出改变的。如果贡献多的一方痛定思痛，绞尽脑汁地要解决问题，但不作为的一方却油盐不进，完全不配合，该怎么办？在这种情况下，问题的性质就已经变了。不作为的一方不是享受习惯了，而是躲习惯了，且在刻意地躲一切事情。

乍一看，二者的区别不大。但在婚姻的世界里，对方的懒散和退缩是无心之举还是有意为之有着天壤之别。享受习惯的人虽然不会太主动寻求改变，但对改变本身并不排斥。躲习惯的人就不同了，所有的“回避”和“看不见”行为都是故意的，即根本无心改变现状。他们对新思路和新方法没有兴趣，也不愿与伴侣一起承担更多的责任，无视伴侣的真诚求助，更不想参加任何可以改善夫妻关系的活动。这些人脸上清楚地写着“我就是不乐意。”

如果你的伴侣属于愿意改变的前者，那么做本章的练习就很有意义。完成本章的练习能推动你们向 80/80 模式的婚姻迈进。如果你不幸遇到了懒得做任何改变的伴侣，仅靠本书是解决不了问题的，你需要另找突破口。

当你的伴侣如一潭死水，对你的提议毫无反应，甚至连婚姻咨询都不肯去时，你只能二选一：要不干脆结束这段婚姻，但要咬牙迎接人生的剧变、接受动荡的情绪，以及做完一地鸡毛的后续事务；要不留下来维持现状，但尽力让自己感觉好一点——努力说服自己接受这个事实，即伴侣就是懒得动，且不想动。

这两个选择真是各有各的难。好在不论你选哪一个，80/80 模式都能助你一臂之力。当你想走出这段泥泞的婚姻时，80/80 模式会给你一股力量，让你更好地纾解离婚后接踵而至的情绪创伤。如果你选择继续这段婚姻，将思维方式转变为极致的慷慨至少能改善你在婚姻中的体验。设想一下，你每次给家里做饭时，心中响起公平之战的号角，做一次饭，内心就受一次伤。若你用极致慷慨的思维方式来武装自己，至少就能麻醉这些伤痛，释放出怨念与负能量。你会问心无愧，深知自己已经做了能做的一切。

学会放权和放心

如果你是贡献更多的一方，你的伴侣只是享受，不是躲避，那么我们希望你能做一下文中的假想练习。它并不难，做完后的你或许就能化解当下的困苦了。假想练习的开创者是盖伊·亨德里克斯和凯瑟琳·亨德里克斯，这是两位在情感和理性生活领域享誉全球的专家。他们的一句话曾让我们拍案叫绝：“在你过去人生的每秒钟、每件事上，你做过的所有决定加在一起，就组成了现在的你。你生活中的每个细节都是由过去的自己亲手塑造的。”①

这句话值得我们静下心来，细细品味。

此刻读到这句话的你，恐怕一如当年的我们，脑子里充满了否定和抗拒。你左思右想也搞不明白这句话的道理在哪里：“难道还能怨我？胡说八道！”“你知道我的伴侣是怎样的吗？”“我怎么可能主动追求一种‘干活干到哭、吃亏吃到吐’的生活！我是疯了吗？”

假想练习需要你释放想象力，暂时跟着练习的思路走。在这场假想中，你首先要把自己放在主导者的位置上，逼自己承认现在的分工状态是由你亲自设计并落实的。你就是生活的大导演，你和伴侣的角色分配由你一手安排。伴侣之所以能“躺平”这么久，且心安理得地不思进取，也是因为要服从你的指挥而已。说得再残酷一点，你就是眼下一切苦痛的罪魁祸首。

当然，这种假想有些极端了。但对你的婚姻而言，它不失为一剂以毒攻毒的良方，能对症下药，还保证效果不反弹。接下来，请认真完成假想练习。

---

① Gay and Kathlyn Hendricks, “The Art of Commitment, ” *Psychotherapy Networker*, September/ October 2001. 想更深入了解他的理念，可参阅 Gay and Kathlyn Hendricks, *Conscious Loving* (New York: Bantam, 1992); Gay Hendricks, *Conscious Living* (New York: Harper, 2009); Gay Hendricks, *The Big Leap* (New York: HarperOne, 2010)。

80/80 实操练习

假想练习

现在请把自己想象成推动伴侣变成不作为一方的“元凶”。你可能要大呼冤枉，但没关系，暂且不计责任到底在谁。此刻的关键是把自己推到责任人的立场上，从这个剑走偏锋的视角出发，看看能得到什么启示。

第 1 步：坦诚认责

这一步倒是不难，你只需在心里默默对自己说一句：“有些时候，确实是我在刻意诱导伴侣不作为。”

第 2 步：制订“不作为伴侣孵化攻略”

好好拆解四个字“有些时候”，看一看到底是自己的哪些行为让伴侣变得又懒惰又迟钝的。你可以把自己看作一名培训师，专门教他人培养不作为的伴侣，制订“不作为伴侣孵化攻略”。有了这个攻略，你一定能教会他人怎么把伴侣养成不作为的一方。下面是一些例子，供你参考。

- 攻略 1：一吃完饭你就主动去洗碗，千万别提醒伴侣干这个活儿。之后，你大可把怨气洒满天地，指着伴侣鼻子大骂他“一点用都没有”。
- 攻略 2：遇到问题，你要向伴侣求助，但记住你只能求助一次。但凡伴侣没有立刻飞身而起，全情投入地帮你干活，你就可以站在道德的制高点狠厉地指责他，而且往后余生都不再给他任何机会帮你做这件事了。

- 攻略 3：伴侣给你发来信息："今天下班后，你能顺道取回我的吉他吗？" 你一定要回复："没问题啊！" 哪怕你已经忙得快炸了，也要答应他。接下来，你就能不停地抱怨在这件事上伴侣是多么不懂事了。
- 攻略 4：95% 的家务都是你在做，但你得管住嘴，别跟伴侣反映并重新分配家务。忍不住的话，你跟朋友们发发牢骚、过过嘴瘾就好。
- 攻略 5：市面上有些方法很不错，能切实提升婚姻质量，改善夫妻关系。但你要告诉自己，伴侣这辈子都不会改也不愿改的。你就又找到了一条可以让自己生气的理由：大家都是人，凭什么你就能这么无情又无耻？

看过了这些例子，接下来就请创作"不作为伴侣孵化攻略"吧！

攻略 1 ____________________

攻略 2 ____________________

攻略 3 ____________________

攻略 4 ____________________

攻略 5 ____________________

攻略 6 ____________________

第 3 步：总结这些攻略的利与弊

有得必有失，请认真分析你的原创攻略的利与弊。例如，参考攻略 1，不能要求伴侣帮忙。长此以往，你当然会失去一个积极又能干的伴侣，这就是攻略 1 的弊。你可以深入参与到家庭生活的方方面面，且有绝对的主导权，这是攻略 1 的利。下面就请思考你制订的攻略都有哪些利弊。

攻略的弊端	攻略的有利之处
我没有哪个晚上能睡个好觉。	我是“六边形战士”，无所不能。
我总是在怨、在气。	我不用跟伴侣费劲地沟通、跟他的毛病死磕了。

第 4 步：重置目标

做到这里，你应该能明白原来伴侣不作为有自己的一份“功劳”，你也看清了当下的状态意味着怎样的痛苦和困扰。不过，你或许会说：“我也有利得，而且比损失还大一些呢！”如此一来，你或许会欣然接受现状，索性让伴侣一直享受下去。能把这一点想通倒也不错，因为你无须再推动或落实任何改变了。以后的你将过得很清醒，不至于如前一样痛苦。因为这就是你自己想要的生活，酸甜苦辣都是自己的选择。

你可能不甘，想改变。我们希望你能果断采取行动，改写目标。新目标可以是：想要一个体贴周到又能干的伴侣。要向新目标迈进，你要确保自己的每一步行动都有可行性。下面是几个示例，供参考。

- 行动 1：我要让伴侣和我一起做第 9 章的实操练习，找到能实现共赢的分工方法。
- 行动 2：伴侣以后要是再给我发信息，提过分的要求，我就不回复，晾他 1 小时再说。
- 行动 3：我要跟伴侣商量一下，以后每年得给我放一个小长假。这样我就可以跟朋友们出去旅游，或自己找个安静之处，静静地放松身心。

你能采取哪些行动呢？请写在下面吧。

行动 1 ______________________

行动 2 ______________________

行动 3 ______________________

行动 4 ______________________

行动 5 ______________________

技巧 1：给予自己极致的慷慨

这次你要给予自己极致的慷慨了。耐心些，假想练习的难度可不低。

技巧 2：给予伴侣极致的慷慨

是的，别忘了给予伴侣极致的慷慨，毕竟他的反应由你的态度决定。如果你攻击性太强，伴侣多半会以牙还牙。如果你能用极致的慷慨的思维方式跟伴侣沟通，相信对方也会投桃报李。哪怕一开始伴侣可能会有疑问："凭什么要这么改？"但相信伴侣能平静下来，转变态度，给出你想要的回应。结果肯定能让你大喜过望。

THE 80/80 MARRIAGE

第 15 章

当 80/80 模式执行不下去的时候，怎么办
用习惯重新定义你的婚姻

你终于读到本书最后一章了。虽然这像一句废话，但意识到这一点却很重要。因为看完本章内容后，你就会放下手里的书，今后可能都不会再翻开读第二次。因此，接下来的你会怎么做才是最重要的。在未来的人生里，你将如何处理 80/80 模式呢？你大概率会有以下两种选择。

第一种选择是仅留点印象，即把 80/80 模式当作一系列改变婚姻的点子存在脑子里，这或许会起点作用。第二种是不仅记住，且做到了身体力行，主动实践 80/80 模式下的爱情法则，在一个个现实场景中打造全新的决策体系。第二种选择要求你不能只是想象极致的慷慨是多么法力无边，而是要切实改变自己的底层思维，把慷慨的思维方式贯穿始终；共赢精神也不能只在脑中一闪而过就退场，它应该被落实到现实生活中，让你的婚姻形态焕然一新。

如果你们有坚定的信念，真的渴求改变，想要拥有更亲密、成熟的情感关

系，那么上文的两个选择，哪个才是正确答案就是道送分题了。留点印象当然不如身体力行。

伟大的革新来自一个个理念，但这些理念必须被落实，固化为不停地重复的习惯才行。这番道理其实不难，想必你已有过亲身体验。你肯定曾读过某本书，书中陈述的观点让你豁然开朗，你感觉自己的心智都被它托举到了新高度。特别是在刚读完的一两个星期，书中讲的内容在你的脑海中尚有栩栩如生的形象。跟朋友喝咖啡时、和同事说话时、睡前与伴侣聊天时，你会完全忍不住，一定要聊一聊书中的内容，你想让全天下都知道这些光芒万丈的见解。

但相信过不了多久，书中的内容就会在你的脑中淡化，书可能被你从床头柜上移走，最终被放到地下室的某个架子上。你和别人的聊天里不会再出现它。

我们描述得如此具体又残忍，就是为了展示一个关键的道理。

THE 80/80 MARRIAGE

理念和观点往往转瞬即逝，只有习惯和实践才能让原理落实为成果，且久久发挥效用。

重要节日的仪式感很重要，如夫妻二人在某地度过浪漫的周末，或者情人节晚上在某家饭店吃烛光大餐。事实上，这些时刻可能只占生活的 1%，它的影响力远不如剩下的 99% 的夫妻日常相处的时间。你们在那些平凡的日升日落间，做的那些看上去微不足道的小事，比几个高光时刻重要得多。因为这些微小的体验才决定了整个婚姻真正的色彩与调性。

想想看，每天不都是由这些“低光”时刻组合而成的吗？

就在这些“低光”时刻里，各种良性习惯叠加在一起，能量大得超乎你的想象：伴侣下班回到家后，你献上一个拥抱；朋友聚会时，你对伴侣的某项事业成就大肆吹捧一番；每晚睡前，你探过身去，给他一个吻和一句“我爱你”。

同时，你也可能会犯很多小错，即所谓的负面习惯，如你忙着研究网上的某款电动牙刷，以至于听不进伴侣讲的话；伴侣的某句话明明刺激到你了，但你却不想花精力好好跟他沟通真实的感受；你一直殚精竭虑地记着“小黑账”，为的就是有一天能集中全部证据，开足火力，狠狠地教训伴侣，让他明白这个家靠谁在撑，以及这有多不公平，这一点的杀伤力尤其强大！

日常小事，看似轻易就可以改变，但其实它们的威力大到无以复加。你若不花番心思，根本改不过来。因为习惯的背后潜伏着一种极其隐形又隐晦的力量——习惯。所谓习惯成自然，习惯就是你在自然状态下最可能做出的、最本能的、最容易的行为。[①] 你想都不用想就会做的事自然能强大到无敌。

再就是能给你的心灵和命运来一记重拳的顿悟，都扛不住习惯的细水长流。习惯就是能所向披靡、踏平所有不可一世的灵感与领悟，成为婚姻生活背后最低调且权威的总导演。

建立 80/80 模式的习惯回路

正是一系列日常习惯锻造成了婚姻生活，那么，你要怎么做才能改变呢？查尔斯·杜希格（Charles Duhigg）提出的“习惯回路”理论给出极佳的回答。[②] 以手机成瘾问题为例。很多人看手机成瘾：吃饭时忍不住要刷刷手机视频；想好好陪孩子玩时也管不住手，不经意间便摸出手机；甚至在公路上开车时也非

① William James, “Habit,” in *The Writings of William James*, ed. John J. McDermott (Chicago: University of Chicago Press, 1977), 12.

② Charles Duhigg, *The Power of Habit* (New York: Random House, 2014).

要瞄两眼手机。

我们来拆解一下手机成瘾的习惯。一切的起点是一个暗示信号，它像一个钩子，能引出接下来的行为。你听到手机“叮”的一声，心里就知道肯定有消息来了。“叮”就是一个暗示信号。有时候，暗示信号可能只存在于你的大脑中。例如，你坐在医院的待诊区里等着叫号，会觉得无聊，便掏出手机，沉浸于其中。此时，大脑中那股无聊的感觉也是一种暗示信号。

暗示信号会激起你的反应，让你下意识地做出某种反射动作，我们称之为“惯常行为”。手机成瘾时的惯常行为就是刷视频，浏览各个应用软件的信息。

奖赏是最魅惑的一步，它勾着人们一而再、再而三地沉迷于手机。当手机向你推送一波有意思的标题时，你忍不住一定要立刻去读，要亲眼看看这个世界又发生了什么古怪或好玩的事儿。读罢的刹那，你神清气爽，整颗心都被多巴胺冲击着。这短暂的快感就是手机给你的奖赏。①

习惯回路就是这么套牢人们的。但通过拆解，你也能找到破旧立新的方法，与伴侣建立起更强大的凝聚力，享受到更纯粹的爱和亲密感。要把 80/80 模式下的爱情法则，如极致的慷慨、共赢精神等理念固化为习惯，要建立起有效的习惯回路。暗示信号、明确且可行的惯常行为、奖赏，一个都不能少。

暗示信号很像一个警钟。每当人们在婚姻中陷入坏习惯时，它就会警铃大作，提醒人们立刻转向，从公平之战中抽身而出，找回极致的慷慨；才能停下“怎么做对我最有利”的算计，开始考虑“怎么做对咱俩最有利”。

一个好的惯常行为可以是任何一种可行且能改善婚姻体验的动作，如你在

---

① Charles Duhigg, *The Power of Habit* (New York: Random House, 2014).

伴侣书桌上放一张甜蜜小纸条，或者你敞开心扉，跟伴侣进行一次沟通，告诉他做的某件事着实让自己不好受。沟通之后，你还可以提一个有理有据的需求，让伴侣配合。它也可能是你在某个重大抉择上表现出的心胸与视野——你把两个人的共同利益放在了第一位。

最后的奖赏要自然而然。在形式上，你无须特意给自己买杯咖啡当奖励，或手舞足蹈地表示欣喜。80/80 模式则会带来强大的凝聚力，拉近你们的心，你只需要好好享受这一刻的充实与美好即可。例如，在你把甜蜜小纸条写好的一瞬间，你就已经能品味到“赠人玫瑰手有余香”式的幸福了，因为慷慨的举动是能反哺你的精神世界的。又如，在你卸下防备跟伴侣坦诚沟通某个问题时，亲密与互信的感觉会在你们之间流淌，这也是一种奖赏。当你们基于共同的价值为某件大事做了决定时，奖赏就是权力之战的休战。

上面三步加起来就建立了 80/80 模式的习惯回路。我们还会介绍 5 个尤其重要的核心习惯。针对每个核心习惯，你都需要一一思考以下几个问题。

- 在你心目中，哪些惯常行为符合 80/80 模式？
- 你打算以怎样的频率去落实这个行动，一天一次、一周一次，还是一年一次？
- 你会设计什么样的暗示信号来激发这个惯常行为呢？

我们不会具体列出你将获得的奖赏，因为奖赏其实殊途同归：对婚姻凝聚力的每一次提升，彼此的心情、能量、精神相应地也实现一个跃迁，而这些跃迁就是奖赏。当这种神奇的反应登场时，请你敏锐地把握，尽情地陶醉，让自己恣意享受当下的惊喜与圆满。①

① 此内容源自本书作者内特与埃里克·兰舒尔（Eric Langshur）合著的 *Start Here: Master the Lifelong Habit of Wellbeing*（New York: Northstar Way, 2016）一书，详细探讨了如何培养关乎幸福与韧性的关键习惯。该领域的经典著作之一是 B. J. 福格（B. J. Fogg）所著的《福格行为模式》（*Tiny Habits: The Small Changes That Change Everything*），该书中文简体字版已由湛庐引进并策划，浙江科学技术出版社出版，以及 James Clear, *Atomic Habits*（New York: Avery, 2018）。

80/80 模式的 5 大核心习惯

本书已针对不同问题，提供了多种练习供大家选用。为了升级思维方式，掌握极致的慷慨的思维方式，你们要练习如何做贡献，如何赞美伴侣，如何有效地沟通。为了构造新的决策体系，让它为共赢目标服务，你们要重新设定分工体系、事务的优先级、底线、权力结构，并改善性体验。这些练习都可以被固化为习惯。

我们也精选出了 5 大最有效的核心习惯，希望你能重点考虑。做好 5 大核心习惯，相信你们也能驶上一条通往默契和亲密的快速路。这 5 大核心习惯中，80/80 模式的代表性行动，还有属于“基建”性质的核心习惯，能为 80/80 模式打造出更好的实践环境和氛围。

如果你希望完整而深入地体验 80/80 模式的效果，那么请一定实践下文中的前 3 个习惯，如果你最终把 5 个习惯都落实，那么你的婚姻就一定有更深层次的提升。

毕竟任何一个习惯的养成都要求付出巨大的努力与耐力，我们的建议是量力而行，逐一养成习惯就好。当然，你也可能认为本书提及的其他习惯对你的婚姻更适用。没问题，请相信直觉，把时间和精力投入你最想看到成果的地方吧。

习惯 1：打造彼此专属的亲密时间

如果把当代婚姻的烦恼根源浓缩成两个字，一定是“没空”。

一位三胞胎爸爸形容道：“我们夫妻俩全部的精力都耗在了育儿上，照顾孩子们的生活起居、学业。我们简直成了住家保姆，哪还有空彼此沟通呢？回味初见时的怦然与相恋时的誓言，是一种奢求。”另外一位女性受访者说：“亲密时间是不可能存在的，我的生活中只有做不完的事。”

怎么做才能“偷”到时间，时不时地拉近一下情感呢？相信我们，那些和谐又默契的夫妻还是能找到忙里偷闲的办法的。他们的秘诀是 3 种习惯，且都极富仪式感。我们称之为小仪式、中仪式、大仪式。

小仪式指那些看上去并不费劲的动作与习惯，却能帮夫妻在焦头烂额的生活中向彼此表达爱意。例如，晚饭后，夫妻花 10 分钟时间一起去遛个狗；每次分别后再见到对方时，彼此献上一个吻和大大的拥抱；全家一起好好吃顿晚饭；睡前躺在床上，一方跟另一方聊聊这一天的经历；在吃饭时，真诚感谢对方的付出；敏锐地捕捉到对方的疲惫或焦虑，并立刻问一句：“亲爱的，你还好吗？真的没事吗？”……受访者中，幸福的夫妻都会用这些小仪式来亲近对方，在营营逐逐的生活中给彼此注入一股甜蜜。

中仪式指一段专门留出来用于夫妻相处的时间。根据我们的访谈结果，中仪式人气最高的方案是约会之夜。有的夫妻选择每周五去餐厅吃晚饭，有些夫妻设立了“逃班日”，两个人会在工作时间里想办法逃出 2 小时，一块儿去看场电影；有些夫妻还会玩“成人畅游”活动，在工作日里挪出 30 分钟时间一起游泳。我们采用的是“远足约会”，即每个周六的早晨，不论天气是刮风下雨还是冷暖阴晴，我们都会如约进行“远足约会”。

大仪式指外出几天的旅行。有的夫妻每年都会挤出几天时间，两个人一起外出度假。风险投资人布拉德·费尔德（Brad Feld）和他的妻子埃米·巴彻勒（Amy Batchebor）制订了“季度旅行计划”，每个季度外出旅游一次。旅程中，两个人会忘却平日的工作与纷扰，专心陪伴彼此。[①] 当然，不是所有夫妻都能

① Brad Feld and Amy Batchelor, *Startup Life* (New York: Wiley, 2013), 79.

每个季度外出度假。哪怕一年只能抽出一两天来逃离日常的烦琐，沉浸式地拥抱爱情，你的婚姻体验也能有本质的提升。

请努力找到时间和空间，心无旁骛地与彼此相守，并固化为习惯吧。你们可以在上述的大、中、小三个级别里，分别设计独属于自己的仪式感。

80/80 实操练习

打造彼此专属的亲密时间

在这 3 个层次里，你都找到哪些灵感来打造亲密体验呢？下面这张表可以协助你梳理思路，列清楚你想试一试的习惯、频率、暗示信号。希望完成这个练习后，你与伴侣也能忙里偷闲地与浪漫同行。

	习惯	频率	暗示信号
小仪式	例：一起遛狗	例：一天一次	例：下班后一见到对方
中仪式	例：约会之夜、远足约会、逃班日	例：一周一次	例：每周三
大仪式	例：自驾游	例：一年两次	例：7 月的第一周、劳动节假期

习惯 2：极致的慷慨下的呼唤与回应

任何一个 80/80 模式的习惯都体现着极致的慷慨的思维方式。如果你只是感叹一下践行这些习惯将产生多么神奇的功效，那不是难事，真正难的是脚踏实地地做到它们。这需要在心理上持之以恒地进行自省与自觉，在现实中日复一日地坚持练习和实践。我们希望大家能把极致的慷慨的思维方式贯彻到生活中。你可以每天坚持做两个练习：呼唤与回应，训练的就是贡献与赞美，两者高度相关，彼此促进。

第一个习惯是每天主动做一个贡献，表达你想赐予伴侣的那一份极致的慷慨——它可以是一个拥抱、一张卡片、被你打扫干净的厨房地板，或者清晨为伴侣端到床边的一杯现磨咖啡。贡献虽小，里面却藏着一股能再造乾坤的伟大力量，一举击碎凡俗生活中的沉重怨气，推动你们走进彼此贡献、相互借力的良性循环。第二个习惯是你对伴侣的观察和欣赏。你要留神捕捉伴侣所做的贡献中让你感到欣喜的一个个瞬间，并及时对此表达赞美。你可以夸他："今天的穿搭不错哦，这件上衣真亮眼！""我看到你给院子里的草坪除草了，非常感谢！""最近你花了很多时间陪儿子，给他辅导数学。看着你付出的心血，我感动极了。"

一个慷慨的举动可能引出 2 个、3 个，甚至 10 个类似的美好行为。这些微小的善意终将呈星火燎原之势，改写你的整个婚姻体验。

80/80 实操练习

习惯成自然的贡献与赞美

阅读下面的内容，看看自己希望以什么样的形式去实现贡献与赞美。你可能会发现两者间的显著区别。贡献的表现形式多样，每天都可以不同，如今天做一顿饭，明天可能写一张卡片，后天则可以打扫一下厨房地板。赞美就不同了，它非常简单。你可以每天都做同一件事——找到伴侣的一个亮点，表达认可。在“贡献”“习惯”相交的单元格中，你需要具体列出几项内容，但在“赞美”“习惯”相交的单元格中，仅写下伴侣的一个亮点，表达认可就行。

	习惯	频率	暗示信号
贡献	例：泡咖啡、收拾洗碗机、写卡片	例：一天一次	例：早上醒来或者做周计划时
赞美	例：表达一次自己对伴侣的赞美	例：一天一次	例：晚饭时或入睡前

习惯 3：处理问题、误解与委屈要快狠准

设想一下这些场景：与朋友们聚餐时，伴侣当着大家的面让你难堪；你们明明说好了由伴侣去活动营地接孩子回家，但他却忘了个干净，让孩子冒雨苦等了 1 个多小时；约会之夜，伴侣没有来由地迟到了 45 分钟，事先连个电话或短信都没有。哪件事不让人火冒三丈？

它们引发的恶劣影响还会继续发酵。遇到这些问题，你宁可在接下来的几天甚至几周里，采用消极抵抗的态度去报复伴侣，或者找些别的由头来斥责伴侣，也不会选择在第一时间就跟伴侣坦诚沟通你的感受。因为你不愿意进行一场直截了当的沟通，不想直面问题。

因此，80/80 模式下的爱情法则才会强烈建议大家养成习惯，在问题发生后迅速与伴侣有针对性地聊一聊。如第 7 章所述，聊的过程可以很简单，你要

做的只是“描述事实 + 提需求”：如实地向伴侣表达你的感受，并提出可行性的要求。

若伴侣再让你在朋友们面前出糗，事后你要旗帜鲜明地表示反对：“晚饭时，你开的玩笑让我很难过。以后请你控制一下，话前三思。”伴侣忘了去活动营地接孩子回家，你要告诉他：“你忘了接孩子，我知道后差点被吓死。我都拿不准，以后还能不能再继续信任你了。你要是再去接孩子，务必得设置好闹钟提醒！”约会之夜，如果伴侣理直气壮地迟到了 45 分钟，那么你也要明确地表达失望：“我一直在等你，却连个信息都等不来。这种情形让我觉得你在乎的是你自己的时间，而不是我。我希望你重视这个问题，以后不得已还要迟到时，应该先给我发个信息。”

及时沟通问题，能让双方快速调整好状态，实现同频沟通。不仅如此，这还能督促伴侣进步，通过有效的引导，让伴侣找到进步的方向，成为一个好的丈夫 / 妻子、朋友，以及共同经营一个家庭的好伙伴。

80/80 实操练习

发现问题就应立即解决

“描述问题 + 提需求”是一个基于场景的练习。练之前，你要感到自己被刺伤、激怒，或受了委屈才行，所以这个习惯的最佳暗示信号就是你的情绪。只要你发现自己与伴侣之间有了误会，或因为伴侣的某个言行举止而陷入了忧郁、伤痛或愤怒中，你就可以进行这个练习了。

	习惯	频率	暗示信号
描述问题 +提需求	例：如实阐述发生了什么，并提出相应的要求	例：每当问题产生时，或每天晚上睡前	例：因为伴侣的某句话或某件事而感到委屈、生气或难过时

习惯 4：召开共赢目标展望会

很多夫妻会定期召开家庭展望会。两个人坐下来共同推敲和打磨下个阶段的家庭发展战略、考核目标与执行方案。这样的家庭展望会是否真有必要呢？人们尚有争议。

支持它的人当然相信开会是有意义的，如受访者提姆和海瑟。这对伴侣说："我们家就有这样的内部会议，我们管它叫'返垒大会'①。到了约定的时间，一切都按下暂停键，我们会雷打不动地打开日程规划，确定下周的日程安排。我们会从全局考虑，看看还有哪些注意事项。如果没有这些分析与展望，我们的日子一定会过得一塌糊涂。"还有一位女性受访者表示："如果我和丈夫没有专门留出时间开家庭展望会，那么我们的约会之夜肯定要变成家务讨论大会，浪漫的气氛彻底被打消了。"

反对的人自然也无法接受跟家人开会，毕竟开会是在办公室中才该干的事。在他们眼中，家庭展望会只是一种无聊、做作的形式，解决不了问题。

婚姻之路上的关卡层出不穷。刚开始相处时，双方尚可有情饮水饱，不用

① 返垒是棒球比赛的一种规则，可以简单理解为：一方遇到暂时的失利，要回到原点，做好准备迎战下一轮的争抢。——译者注。

操心任何柴米油盐。渐渐地，双方的事业起步，至少有一个人要在职场上好好打拼才能赚钱养家。再过段时间，双方有了自己的房子，于是难度又增加了。随后，一道道“压轴题”还会呼啸而来，生育孩子、突发疾病、照顾双方父母……有一天，你们会突然发现，经营一个家庭和运转一家大型企业的难度其实不分伯仲。

很多夫妻多会选择掩耳盗铃，索性不去管这些凡尘俗世的麻烦事，将日子过得就像小情侣一样，逍遥自在又稀里糊涂，仿佛只有一个问题需要思考：下次该谁为超市采购买单了？这一定是个错误的选择。

还有夫妻选择回到 80/20 模式，让其中一方扛下所有，撑起这个家。这是个错得更离谱的选择。还有夫妻选择接受现实，明白当代婚姻就是离不开家里家外一系列纷繁复杂的事务，并拿出实干精神来，一起“研发”出精妙而高效的运营机制，去应对这些挑战。这是我们真正推荐的选择。

我们建议夫妻打造自己的共赢目标展望会，会议主旨是及时复盘并同步家里的重要事宜。它可以非常简短，短到每天早上简单聊两句即可，也可以规范一点，每周举行一次，会议时间稍长些。它甚至可以是一个非常正式的会议，每年在固定时间举办几次，专用于复盘与反思家中重要事宜，并展望家庭的未来。

不论家庭共赢目标展望会是什么样的级别或规模，有一点注意事项非常重要：请一定确保心里有极致的慷慨精神，且眼里看得到共赢目标。当你开始纠结于什么方案对自己一个人最有利时，你要果断地把自己拽出来，回到 80/80 模式下的爱情法则的核心问题：怎么做才是对两个人最有利的？

80/80 实操练习

复盘共赢目标

在此，我们推荐两种复盘方式。第一种是定期检查，建议每天或每周，这样有助于掌控日常事务。第二种是不定期深度检查，让你回顾分工体系、优先级、底线、权力结构、性生活等方面的更大的结构性变化。

	习惯	频率	暗示信号
定期检查	例：一起看日历	例：每天或每周	例：每个星期天早上醒来时
不定期深度检查	例：一起观察分工体系、优先级、底线、权力结构和性生活	例：三个月一次或一年一次	例：在每年年初

习惯 5：打造“电子设备免干扰”时间

在访谈中，我们听到了太多的爱情悲剧，如出轨、离婚，以及各种让人无力招架的冲突和对抗。你很难想象，最惨的几个案例都与一个看起来不起眼的小隔阂有关。造成夫妻之间有隔阂的问题是各种电子产品。夫妻俩在睡前各自抱着手机或平板电脑，眼睛像是被焊在了屏幕上，能整晚沉迷于浏览网站或打游戏中，旁人似乎早已就地消失了。每每自己想跟伴侣讨论某个重要的家庭计划，或解决某个问题时，伴侣的注意力都总是似在非在。看上去伴侣在听，但实际上他有一半的目光和心思给了手里拿着的手机。

心理学家琳达·斯通（Linda Stone）用“持续性分心”来描述这种状态。

上面的案例可用这个词来描述，只是程度轻重各不相同。“持续性分心”指一个人做某事时始终不专心，每个瞬间都有一件别的事在切割他的注意力，让他稍微分出去一点心。①

持续性分心是让夫妻产生隔阂的一个关键因素。人们被一块块电子屏幕吸引得不能自拔，却不再被眼前的伴侣吸引。但后者才是良性的吸引，才能把人们拉回现实。这相当于一部分人已经精神出轨了，出轨对象就是那些邮件、短信、社交媒体文章、新闻，以及游戏等。

要摆脱电子屏幕吸引的方法很简单：设置一个时间段或一个空间，双方规定好在这个时间段或这个空间里绝不允许使用任何电子设备。我们采访了许多对夫妻，总结了大家分享的经验，可作为参考。

- 手机和平板电脑不许带进卧室。
- 应该专注于交流时，大家都要把手机放进一个盒子里。
- 在两个人沟通或约会时，如果其中一方非要看手机信息，则必须先向另一方征得同意：“亲爱的，我能不能回复一下信息？”
- 若条件允许，尽量两个人一起出门散步，或者度过约会之夜，但手机等电子设备要留在家里。
- 夫妻彼此陪伴时，手机要设置成静音状态，以防突然有电话或信息进来，打扰两个人。
- 夜晚度过亲密时光时，要把手机扔到卧室外面。
- 每当你想打开手机查看一下时，先问问自己：“我现在就非得看一下手机吗？”你会很惊奇地发现，大多数时候的答案都是“倒也没那么急”。

① Linda Stone, “Continuous Partial Attention, ” LindaStone.net.

80/80 实操练习

对抗电子设备的干扰

先思考电子设备让你和伴侣分了多少心，产生了多少疏离感，然后用 3 个习惯来对抗电子设备的干扰。

	习惯	频率	暗示信号
打造电子设备免干扰时间	例：把手机等电子设备放到视线范围外	例：一天一次	例：睡前

80/80 模式如何改变我们的生活

当代婚姻能令人感到如此的困惑、对立、绝望，绝对离不开一股力量的影响。这是一股对抗性质的力量，在我们 15 年的婚姻历程里，如影随形，接受我们采访的夫妻也纷纷表示能够深切感受到这股力量的存在。这股力量时不时就会绊住大家的脚步，让婚姻之路举步维艰。这股力量就是人们在情感和生活上的两种矛盾的欲望：既想在个人层面追求独立的成功，又想与另一个人携手同行，分享余生。

实现个人成功是社会写在人们潜意识里的精神基因。它无比强大，让当代人对成功极度渴求。我们从小就被教导要敢于“做梦”，做伟大的事、改变世界。在大众认知中，成功就是走到一个行业的巅峰，就是做出无敌的成就，成为最强、最好的自己。

而婚姻，看似与实现个人成功背道而驰，实则不然。走进婚姻的两个人要携手一生，意味着融合和团结，要把两种不同的人生规划、目标练就为一体，彼此成全。

一组建新家庭，夫妻就要在思想上做一个 180°大逆转，逼自己融入一个新的集体，成为新团队中的一员。但这一切发生时，大家才刚刚进入社会，尚未实现自己的职业理想。从此以后，你必须敞开胸怀，把自己的收入、精力、时间与另一个人共享。

与大多数夫妻一样，我们也经历了这场痛苦的涅槃。那时我们刚搬到一起住，内特死活管不好自己的“臭球鞋”。可惜，浴火后的我们并没有立刻重生，经年累月之后，问题反而越来越严重。后来的我们意识到要迅速逆转观念，要接受并习惯与另一个人走完一生。

这么痛，这么难，老一辈的人又是怎么挺过来的呢？前文说过，他们设计出了一个简单直白但极其失衡的系统来解决问题，即 80/20 的婚姻模式。那一代人靠牺牲所有女性的个体意识与自由，实现了所谓的和谐。两个原本平等而独立的个体被强行融为一体。

随着经济、文化的不断发展，大家接受了夫妻平等的理念。很可惜，并非每个家庭都在忠实践行这个理念，但它至少孕育出了新的婚姻形态，即 50/50 模式。

50/50 模式的婚姻问题在于步子迈得太大了。仿佛是一夜之间，大家就被推到了独立的极端。50/50 模式婚姻的一个亮点却被人们抛在了身后：一种与伴侣协作、分享，以及结合成一体的能力。50/50 模式要求的是理性和清醒，不是浪漫和狂野；讲究的是公平，不是慷慨；追求的是个人成功，不是整体的幸福。

这就让人不得不困惑了：既然大家只想要个人的独立感和安全感，既然一切的黄金标准都是分毫不差的公平，何苦还要谈恋爱或结婚呢？

这个问题在很多人的心头盘旋。不少人也确实找到了答案，他们索性离开了一场情感甚至一段婚姻。① 对他们来说，两个人的生活已乌云密布，对当下生活没有留恋，对未来生活也没有期待，不如分道扬镳，各自安好。

不过，我们依然写下了这本书，因为我们觉得这个问题还有另一种回答：两个人携手而行，能打开一扇通往新世界的大门，让双方都看到最摄人心魄、宏伟壮观的人生风景。

我们发自内心地相信，人类有能力平衡好个人感受与夫妻关系之间的冲突。每个人既可以保留独立的个人意识，也能充分享受到夫妻彼此成全、水乳交融的美好。不过，打造一个 80/80 模式的婚姻并不容易。我们希望本书的内容已让你获得了力量和信心，相信事在人为。

我们再重复一下 80/80 模式的内容。80/80 模式的底层逻辑是：独自摸索不如携手前行，两颗双向奔赴的心一定能成就出更大的联结感、亲密感、幸福感。80/80 模式的设计内核是：让两个生命联合起来，做彼此的支撑，最终两个人能一起体会世间最大的欢愉。80/80 模式下要求大家在两个层面做出调整。首先是在思维方式上，要形成极致的慷慨的思维方式；其次是在决策体系上，要让一切决断和行动都为共赢目标服务。我们已亲身体验过这两个转变的魔力了，亲眼看到了生活中的每个细节都因此重生、闪耀。其他受访者对此也感同身受，让我们进一步知道了自己的体验并非特例。

受访的大多数恩爱夫妻都告诉我们，80/80 模式的诸多建议是他们的婚姻

① Mandy Len Catron, "What You Lose When You Gain a Spouse, " *The Atlantic, July* 2, 2019.

保持和谐的奥秘。他们之间没有讽刺和轻视，有的只是真诚的贡献和赞美。他们也不醉心于公平之战，而更倾向于讨论每个人如何能做得更多、更细致，以传达给对方更大的善意和慷慨。他们不计较个人得失，总是一起探索共赢的战略。

我们并不是想说美满婚姻的唯一正解就是 80/80 模式。婚姻，恰如生活本身，从来就没有唯一正解。

我们只是碰巧活在当下，活在这个新奇的时代，每天的生活瞬息万变，被太多的网络信息干扰着，注意力与精力被搞得捉襟见肘。太多的事情要做，根本没有时间喘口气陪一陪伴侣，简简单单地体验一下属于两个人的时间也成为奢侈。这是多数夫妻的婚姻生活常态。

很多人正在寻觅一种新的婚姻模式，希望开辟出属于自己的情感伊甸园，为两颗心遮风避雨，抵抗纷扰与压力；希望两个人在这里可以找到陪伴一生的终极意义，以及为此奋战不息的动力：发自内心的幸福、至深的羁绊、无瑕的爱。

因此，80/80 模式值得一试。

致 谢

在创作本书的过程中，我们面临了一场突如其来的危机。离完稿还差最后一个月时，新型冠状病毒感染疫情在全球流行起来了，我们不得不保持社交距离，并自觉居家。生活几乎与世隔绝，倒给了我们做书中各种练习、进行压力测试的好时机。这简直像在婚姻的世界里跑一场疯狂的马拉松。说实话，我们也一次次地跑偏，没能自始至终地坚持好 80/80 模式。但我们还是守住了大体框架，遇到问题也一次次地反思调整，把自己拧回了极致的慷慨、追求共赢的赛道上，最后实现了共同成长。80/80 模式是这场艰难长跑中的指向标，让我们得以不断地修正方向，奔向成功。

居家时也让我们再次明白了家人和朋友的重要性。如果不是众多亲人、朋友给予了我们强大的支持，这本书一定不会面世。

首先，我们要感谢双方的父母。内特的爸爸妈妈乔和玛基为我们的女儿做了无数顿早饭，我们才能忙里偷闲地出去远足，实现了只有两个人的约会。我们正是在其中的某次远足中，擦出了灵感的火花，有了写这本书的念头。

凯莉的父母吉姆与朱迪，也始终站在最“前线”，给予了我们坚实的帮助。孩子在家上网课的时候，两位老人悉心照顾孩子的生活。以此，我们夫妻二人才能彼此陪伴，并抽出时间专注于创作，让这本书得以成稿。凯莉的兄弟保罗和姐姐阿德拉也对我们帮助良多，在很多地方为我们排忧解难，向我们提供了不少的思路和启发，并提醒我们要乐观，哪怕自嘲也好，总之要保持笑容。

有企鹅兰登书屋团队的强大支持，是我们的又一大幸。编辑梅格·莱德（Meg Leder）帮助我们把早期的灵感一步步落实为现在的内容体系。她的点评极有深度，推动我们找到了开创性的角度去反思和打磨80/80模式。副主编埃米·孙（Amy Sun）浏览初稿后，便提出了富有新意的建议，还帮我们发现了好几个没有阐述清楚的盲区。我们也衷心感谢作家经纪人妮科尔·图特洛特（Nicole Tourtelot），从一开始就给我们以及这本书注入着强大的信任。

我们还要感谢众多接受采访的夫妻和恋人们，是他们敞开心扉，将自己的心路历程向我们坦诚，才成就了这本书。他们人数众多，在此无法一一谢过。大家关于爱情苦乐的无私分享与真挚表达都镌刻在了我们心中。在此，我们表示衷心感谢。

此外，埃里克·兰舒尔（Eric Langeshur）与内特一起创立了公司，两个人还一起写作了《由此开始》（*Stare Here*）一书。他一直坚定不移地支持、指导、启发着我们。挚友普丽蒂·帕特尔（Priti Patel）和安基特·帕特尔（Ankit Patel）夫妇（即出现在第3章中的受访者）是80/80模式的第一批实践人，为我们实验了书中的每一个新思想与新观念。卡梅伦·马迪尔（Cameron Madrll）阅读了初稿，给出了让我们耳目一新的反馈意见。苏·海尔布隆纳（Sue Heilbronner）协助我们转变思路重写书稿，且从落笔开始就给予了我们源源不断的帮助。吉姆·科查卡（Jim Kochalka）鼓励我们听从于自己内心的声音，同时也尊重科学的婚姻研究，感性、理性都要兼顾。

我们也将永远感谢下面几位亲密好友，他们是我们在探索新灵感、了解生活新挑战时不可或缺的伙伴：梅雷迪斯·帕菲特（Meredith Parfet）和波·帕菲特（Bo Parfet）夫妇、莉兹·纳尔逊（Liz Nelson）和德里克·尼尔森（Derek Nelson）夫妇、德琳·科普利（Delynn Copley），以及帕特·哈贝尔（Pat Hubbell）。

最后，我们要诚挚感谢女儿，她是“凯约内”战队中的“约”，是改变我们一生的奇迹。

正 念

80/80 模式下的婚姻中的所有做法，都需要我们具备打破那些潜意识层面的 80/20 模式和 50/50 模式习惯的能力。为培养觉察自身当前思维方式并将其转变为更具成效状态的能力，正念训练至关重要。若想深入了解如何开启正念练习，可参考以下资源。

1. Eric Langshur and Nate Klemp, *Start Here: Master the Lifelong Habit of Wellbeing* (New York: Northstar Way, 2016). 这本书提供了实用指导，教你如何用一种名为“注意—转变—重塑”的方式，将正念转化为日常习惯。

2. Pema Chödrön, *How to Meditate* (Boulder, CO: Sounds True, 2013). 一本为初学者量身打造的精彩指南，适合那些希望深入了解如何冥想的人。

3. Joseph Goldstein, *Mindfulness: A Practical Guide to Awakening* (Boulder, CO: Sounds True, 2013). 这是关于正念实践最全面的书籍之一（非常适合那些希望深入探索这一主题的人）。

维系 80/80 模式下的婚姻，不仅仅关乎增强正念意识，还在于提升你与他人互动方式上的自觉意识。欲知更多内容，请参考以下资源。

1. Jim Dethmer, Diana Chapman, and Kaley Warner Klemp, *The 15 Commitments of Conscious Leadership* (Jim Dethmer, Diana Chapman, and Kaley Klemp, 2015). 这本书概述了成为更有觉知的领导者的 15 项核心要素。

2. Gay Hendricks, *Conscious Living: Finding Joy in the Real World* (New York: Harper, 2009). 这是一部经典之作，探讨了如何将更高层次的觉知精神融入生活的各个领域。

质疑自身的想法

80/80 模式下的婚姻理念的关键洞见之一，就是思维方式决定了你在婚姻中的体验。这也是拜伦・凯蒂（Byron Katie）研究的核心观点。她常说："世界是你内心的镜像。"若想深入了解苏格拉底式质疑自身想法的方法来深化 80/80 模式下的婚姻实践，可参考以下资源。

1. Byron Katie, *Loving What Is* (New York: Three Rivers Press, 2003).
2. Byron Katie, *A Thousand Names for Joy* (New York: Harmony, 2008).

婚姻中的性与亲密关系

80/80 模式下的婚姻基于这样一种理念：性生活的质量与婚姻生活其他方面的情感联结质量紧密相关。换言之，要增进亲密感，往往要改变双方婚姻中的思维方式与相处模式。不过，确实存在各种能直接提升性体验与改善亲密关系的有效技巧，这些技巧也能极大地增进夫妻之间充满激情与亲密的情感纽带。以下是我们特别青睐的几种方法。

1. David Deida, *The Way of the Superior Man* (Boulder, CO: Sounds True, 2004).
2. Esther Perel, *Mating in Captivity* (New York: HarperCollins, 2009). 这是一部内容非常精彩的作品，探讨了我们在现代生活中常遇到的亲密关系障碍，并提供了一些如何克服这些障碍的方法。

未来，属于终身学习者

我们正在亲历前所未有的变革——互联网改变了信息传递的方式，指数级技术快速发展并颠覆商业世界，人工智能正在侵占越来越多的人类领地。

面对这些变化，我们需要问自己：未来需要什么样的人才？

答案是，成为终身学习者。终身学习意味着永不停歇地追求全面的知识结构、强大的逻辑思考能力和敏锐的感知力。这是一种能够在不断变化中随时重建、更新认知体系的能力。阅读，无疑是帮助我们提高这种能力的最佳途径。

在充满不确定性的时代，答案并不总是简单地出现在书本之中。"读万卷书"不仅要亲自阅读、广泛阅读，也需要我们深入探索好书的内部世界，让知识不再局限于书本之中。

湛庐阅读 App：与最聪明的人共同进化

我们现在推出全新的湛庐阅读 App，它将成为您在书本之外，践行终身学习的场所。

- 不用考虑"读什么"。这里汇集了湛庐所有纸质书、电子书、有声书和各种阅读服务。
- 可以学习"怎么读"。我们提供包括课程、精读班和讲书在内的全方位阅读解决方案。
- 谁来领读？您能最先了解到作者、译者、专家等大咖的前沿洞见，他们是高质量思想的源泉。
- 与谁共读？您将加入优秀的读者和终身学习者的行列，他们对阅读和学习具有持久的热情和源源不断的动力。

在湛庐阅读App首页，编辑为您精选了经典书目和优质音视频内容，每天早、中、晚更新，满足您不间断的阅读需求。

【特别专题】【主题书单】【人物特写】等原创专栏，提供专业、深度的解读和选书参考，回应社会议题，是您了解湛庐近千位重要作者思想的独家渠道。

在每本图书的详情页，您将通过深度导读栏目【专家视点】【深度访谈】和【书评】读懂、读透一本好书。

通过这个不设限的学习平台，您在任何时间、任何地点都能获得有价值的思想，并通过阅读实现终身学习。我们邀您共建一个与最聪明的人共同进化的社区，使其成为先进思想交汇的聚集地，这正是我们的使命和价值所在。

浙江省版权局图字：11-2025-182

图书在版编目（CIP）数据

爱的不等式 /（美）内特·克莱普，（美）凯莉·克莱普著；赵学坤译. — 杭州：浙江科学技术出版社，2025.8. — ISBN 978-7-5739-1883-3

Ⅰ. C913.13

中国国家版本馆 CIP 数据核字第 202507UD90 号

书　　名	爱的不等式
著　　者	[美] 内特·克莱普　[美] 凯莉·克莱普
译　　者	赵学坤

出版发行	浙江科学技术出版社
	地址：杭州市环城北路 177 号　邮政编码：310006
	办公室电话：0571－85176593
	销售部电话：0571－85062597
	E-mail:zkpress@zkpress.com
印　　刷	河北鹏润印刷有限公司

开　　本	710 mm×965 mm　1/16	**印　　张**	15.75
字　　数	240 千字		
版　　次	2025 年 8 月第 1 版	**印　　次**	2025 年 8 月第 1 次印刷
书　　号	ISBN 978-7-5739-1883-3	**定　　价**	99.90 元

责任编辑	余春亚	**责任美编**	金　晖
责任校对	张　宁	**责任印务**	吕　琰